서 문

필사와 필기의 개념을 먼저 생각을 하려고 합니다.

필사는 말 그대로 글 위에 글을 따라 그리는 형태를 말하고 필기는 글을 받아 적거나 글을 보고 백지면 위에 글을 쓰는 형태를 말합니다.

이 책은 제목처럼 필사입니다.

왼쪽은 인쇄체이며. 오른쪽은 필기체입니다.

몇 단어씩 보게 하여 쓰게 하였습니다.

악필이라고 하는 난필을 교정하고 자기 자신의 필체를 찾는 일에 도움이 되었으면 합니다.

필사 연습을 하며는 처음에는 모방을 하지만 오랜 시간이 지나면 자신도 모르는 사이에 자신만의 필체를 만들어가며 생활에서 마음 속 깊이 자부심이 심어지며 인내력과 정신력이 깊이 향상되어 가고 있는 것을 깨닫게 될 것입니다.

서미미 올림

시편

시1:1 복 있는 사람은
악인의 꾀를 좇지
아니하며 죄인의
길에 서지 아니하며
오만한 자의 자리에
앉지 아니하고
시1:2 오직 여호와의 율
법을 즐거워하여 그
율법을 주야로 묵상
하는 자로다

시편

시1:1 복 있는 사람은
악인의 꾀를 좇지
아니하며 죄인의
길에 서지 아니하며
오만한 자의 자리에
앉지 아니하고
시1:2 오직 여호와의 율
법을 즐거워하여 그
율법을 주야로 묵상
하는 자로다

시1:3 저는 시냇가에 심
은 나무가 시절을 좇
아 과실을 맺으며 그
잎사귀가 마르지 아
니함 같으니
그 행사가 다
형통하리로다

시1:4 악인은 그렇지 않
음이여 오직 바람에
나는 겨와 같도다

시1:3 저는 시냇가에 심
은 나무가 시절을 좇
아 과실을 맺으며 그
잎사귀가 마르지 아
니함 같으니
그 행사가 다 형
통하리로다

시1:4 악인은 그렇지 않
음이여 오직 바람에
나는 겨와 같도다

시1:5 그러므로 악인이
심판을 견디지
못하며 죄인이
의인의 회중에
들지 못하리로다
시1:6 대저 의인의
길은 여호와께서
인정하시나 악인의
길은 망하리로다
시2:1 어찌하여 열방이
분노하며 민족들이
허사를 경영하는고

시1:5 그러므로 악인이
심판을 견디지
못하며 죄인이
의인의 회중에
들지 못하리로다
시1:6 대저 의인의 길은
여호와께서 인정하시
나 악인의 길은 망하
리로다
시2:1 어찌하여 열방이
분노하며 민족들이
허사를 경영하는고

시2:2 세상의 군왕들이
나서며 관원들이
서로 꾀하여 여호와
와 그 기름 받은
자를 대적하며
시2:3 우리가 그 맨 것
을 끊고 그 결박을
벗어 버리자 하도다
시2:4 하늘에 계신
자가 웃으심이여
주께서 저희를
비웃으시리로다

시2:2 세상의 군왕들이
나서며 관원들이
서로 꾀하여 여호와
와 그 기름 받은
자를 대적하며
시2:3 우리가 그 맨 것
을 끊고 그 결박을
벗어 버리자 하도다
시2:4 하늘에 계신
자가 웃으심이여
주께서 저희를
비웃으시리로다

시2:5 그 때에 분을
발하며 진노하사
저희를 놀래어
이르시기를
시2:6 내가 나의
왕을 내 거룩한
산 시온에 세웠다
하시리로다
시2:7 내가 영을 전하노
라 여호와께서 내게
이르시되 너는 내
아들이라 오늘날
내가 너를 낳았도다

시2:5 그 때에 분을
발하며 진노하사
저희를 놀래어
이르시기를
시2:6 내가 나의
왕을 내 거룩한
산 시온에 세웠다
하시리로다
시2:7 내가 영을 전하노
라 여호와께서 내게
이르시되 너는 내
아들이라 오늘날
내가 너를 낳았도다

시2:8 내게 구하라 내가
열방을 유업으로 주
리니 네 소유가 땅
끝까지 이르리로다
시2:9 네가 철장으로 저
희를 깨뜨림이여 질
그릇 같이 부수리라
하시도다
시2:10 그런즉 군왕들아
너희는 지혜를 얻으
며 세상의 관원들아
교훈을 받을지어다

시2:8 내게 구하라 내가
열방을 유업으로 주
리니 네 소유가 땅
끝까지 이르리로다
시2:9 네가 철장으로 저
희를 깨뜨림이여 질
그릇 같이 부수리라
하시도다
시2:10 그런즉 군왕들아
너희는 지혜를 얻으
며 세상의 관원들아
교훈을 받을지어다

시2:11 여호와를 경외함
으로 섬기고 떨며 즐
거워할지어다

시2:12 그 아들에게
입맞추라 그렇지
아니하면 진노하심으
로 너희가 길에서
망하리니 그 진노가
급하심이라 여호와를
의지하는 자는
다 복이 있도다

시2:11 여호와를 경외함
으로 섬기고 떨며 즐
거워할지어다

시2:12 그 아들에게
입맞추라 그렇지
아니하면 진노하심으
로 너희가 길에서
망하리니 그 진노가
급하심이라 여호와를
의지하는 자는
다 복이 있도다

시3:1 여호와여 나의
대적이 어찌 그리
많은지요 일어나
나를 치는 자가
많소이다

시3:2 많은 사람이
있어 나를 가리켜
말하기를 저는
하나님께 도움을
얻지 못한다
하나이다(셀라)

시3:1 여호와여 나의
대적이 어찌 그리
많은지요 일어나
나를 치는 자가
많소이다

시3:2 많은 사람이
있어 나를 가리켜
말하기를 저는
하나님께 도움을
얻지 못한다
하나이다(셀라)

시3:3 여호와여 주는
나의 방패시오
나의 영광이시오
나의 머리를
드시는 자니이다
시3:4 내가 나의
목소리로 여호와께
부르짖으니
그 성산에서
응답하시는도다
(셀라)

시3:3 여호와여 주는
나의 방패시오
나의 영광이시오
나의 머리를
드시는 자니이다
시3:4 내가 나의
목소리로 여호와께
부르짖으니
그 성산에서
응답하시는도다
(셀라)

시3:5 내가 누워
자고 깨었으니
여호와께서 나를
붙드심이로다
시3:6 천만 인이
나를 둘러치려
하여도
나는 두려워
아니하리이다

시3:5 내가 누워
자고 깨었으니
여호와께서 나를
붙드심이로다
시3:6 천만 인이
나를 둘러치려
하여도
나는 두려워
아니하리이다

시3:7 여호와여
일어나소서 나의
하나님이여 나를
구원하소서
주께서 나의 모든
원수의 뺨을 치시며
악인의 이를
꺾으셨나이다
시3:8 구원은 여호와께
있사오니 주의
복을 주의 백성에게
내리소서(셀라)

시3:7 여호와여
일어나소서 나의
하나님이여 나를
구원하소서
주께서 나의 모든
원수의 뺨을 치시며
악인의 이를
꺾으셨나이다
시3:8 구원은 여호와께
있사오니 주의
복을 주의 백성에게
내리소서(셀라)

시4:1 내 의의 하나님
이여 내가 부를 때에
응답하소서 곤란
중에 나를 너그럽게
하셨사오니 나를
긍휼히 여기사 나의
기도를 들으소서

시4:2 인생들아 어느
때까지 나의 영광을
변하여 욕되게 하며
허사를 좋아하고
궤휼을 구하겠는고
(셀라)

시4:1 내 의의 하나님
이여 내가 부를 때에
응답하소서 곤란
중에 나를 너그럽게
하셨사오니 나를
긍휼히 여기사 나의
기도를 들으소서

시4:2 인생들아 어느
때까지 나의 영광을
변하여 욕되게 하며
허사를 좋아하고
궤휼을 구하겠는고
(셀라)

시4:3 여호와께서 자기
를 위하여 경건한 자
를 택하신 줄 너희가
알지어다 내가 부를
때에 여호와께서 들
으시리로다
시4:4 너희는 떨며 범죄
치 말지어다 자리에
누워 심중에 말하고
잠잠할지어다(셀라)
시4:5 의의 제사를 드리
고 여호와를 의뢰할
지어다

시4:3 여호와께서 자기
를 위하여 경건한 자
를 택하신 줄 너희가
알지어다 내가 부를
때에 여호와께서 들
으시리로다
시4:4 너희는 떨며 범죄
치 말지어다 자리에
누워 심중에 말하고
잠잠할지어다(셀라)
시4:5 의의 제사를 드리
고 여호와를 의뢰할
지어다

시4:6 여러 사람의 말이
우리에게 선을 보일
자 누구뇨 하오니 여
호와여 주의 얼굴을
들어 우리에게 비취
소서
시4:7 주께서 내 마음에
두신 기쁨은 저희의
곡식과 새 포도주의
풍성할 때보다 더하
니이다

시4:6 여러 사람의 말이
우리에게 선을 보일
자 누구뇨 하오니 여
호와여 주의 얼굴을
들어 우리에게 비취
소서
시4:7 주께서 내 마음에
두신 기쁨은 저희의
곡식과 새 포도주의
풍성할 때보다 더하
니이다

시4:8 내가 평안히 눕고
자기도 하리니 나를
안전히 거하게 하시
는 이는 오직 여호와
시니이다

시5:1 [다윗의 시, 영장
으로 관악에 맞춘 노
래] 여호와여 나의
말에 귀를 기울이사
나의 심사를 통촉하
소서

시4:8 내가 평안히 눕고
자기도 하리니 나를
안전히 거하게 하시
는 이는 오직 여호와
시니이다

시5:1 [다윗의 시, 영장
으로 관악에 맞춘 노
래] 여호와여 나의
말에 귀를 기울이사
나의 심사를 통촉하
소서

시5:2 나의 왕 나의 하
나님이여 나의 부르
짖는 소리를 들으소
서 내가 주께 기도하
나이다
시5:3 여호와여 아침에
주께서 나의 소리를
들으시리니 아침에
내가 주께 기도하고
바라리이다
시5:4 주는 죄악을 기뻐
하는 신이 아니시니
악이 주와 함께 유하
지 못하며

시5:2 나의 왕 나의 하
나님이여 나의 부르
짖는 소리를 들으소
서 내가 주께 기도하
나이다
시5:3 여호와여 아침에
주께서 나의 소리를
들으시리니 아침에
내가 주께 기도하고
바라리이다
시5:4 주는 죄악을 기뻐
하는 신이 아니시니
악이 주와 함께 유하
지 못하며

시5:5 오만한 자가 주의
목전에 서지 못하리
이다 주는 모든 행악
자를 미워하시며

시5:6 거짓말하는 자를
멸하시리이다 여호와
께서는 피 흘리기를
즐기고 속이는 자를
싫어하시나이다

시5:7 오직 나는 주의
풍성한 인자를 힘입
어 주의 집에 들어가
주를 경외함으로 성
전을 향하여 경배하
리이다

시5:5 오만한 자가 주의
목전에 서지 못하리
이다 주는 모든 행악
자를 미워하시며

시5:6 거짓말하는 자를
멸하시리이다 여호와
께서는 피 흘리기를
즐기고 속이는 자를
싫어하시나이다

시5:7 오직 나는 주의
풍성한 인자를 힘입
어 주의 집에 들어가
주를 경외함으로 성
전을 향하여 경배하
리이다

시5:8 여호와여 나의 원
수들을 인하여 주의
의로 나를 인도하시
고 주의 길을 내 목
전에 곧게 하소서

시5:9 저희 입에 신실함
이 없고 저희 심중이
심히 악하며 저희 목
구멍은 열린 무덤 같
고 저희 혀로는 아첨
하나이다

시5:8 여호와여 나의 원
수들을 인하여 주의
의로 나를 인도하시
고 주의 길을 내 목
전에 곧게 하소서

시5:9 저희 입에 신실함
이 없고 저희 심중이
심히 악하며 저희 목
구멍은 열린 무덤 같
고 저희 혀로는 아첨
하나이다

시5:10 하나님이여 저희
를 정죄하사 자기 꾀
에 빠지게 하시고 그
많은 허물로 인하여
저희를 쫓아 내소서
저희가 주를 배역함
이니이다

시5:11 오직 주에게 피
하는 자는 다 기뻐하
며 주의 보호로 인하
여 영영히 기뻐 외치
며 주의 이름을 사랑
하는 자들은 주를 즐
거워하리이다

시5:10 하나님이여 저희
를 정죄하사 자기 꾀
에 빠지게 하시고 그
많은 허물로 인하여
저희를 쫓아 내소서
저희가 주를 배역함
이니이다

시5:11 오직 주에게 피
하는 자는 다 기뻐하
며 주의 보호로 인하
여 영영히 기뻐 외치
며 주의 이름을 사랑
하는 자들은 주를 즐
거워하리이다

시5:12 여호와여 주는
의인에게 복을 주시
고 방패로 함 같이
은혜로 저를 호위하
시리이다

시6:1 [다윗의 시, 영장
으로 현악 스미닛에
맞춘 노래] 여호와여
주의 분으로 나를 견
책하지 마옵시며 주
의 진노로 나를 징계
하지 마옵소서

시5:12 여호와여 주는
의인에게 복을 주시
고 방패로 함 같이
은혜로 저를 호위하
시리이다

시6:1 /다윗의 시, 영장
으로 현악 스미닛에
맞춘 노래/ 여호와여
주의 분으로 나를 견
책하지 마옵시며 주
의 진노로 나를 징계
하지 마옵소서

시6:2 여호와여 내가 수척하였사오니 긍휼히 여기소서 여호와여 나의 뼈가 떨리오니 나를 고치소서

시6:3 나의 영혼도 심히 떨리나이다 여호와여 어느 때까지니이까

시6:4 여호와여 돌아와 나의 영혼을 건지시며 주의 인자하심을 인하여 나를 구원하소서

시6:2 여호와여 내가 수척하였사오니 긍휼히 여기소서 여호와여 나의 뼈가 떨리오니 나를 고치소서

시6:3 나의 영혼도 심히 떨리나이다 여호와여 어느 때까지니이까

시6:4 여호와여 돌아와 나의 영혼을 건지시며 주의 인자하심을 인하여 나를 구원하소서

시6:5 사망 중에서는 주
를 기억함이 없사오
니 음부에서 주께 감
사할 자 누구리이까
시6:6 내가 탄식함으로
곤핍하여 밤마다 눈
물로 내 침상을 띄우
며 내 요를 적시나이
다
시6:7 내 눈이 근심을
인하여 쇠하며 내 모
든 대적을 인하여 어
두웠나이다

시6:5 사망 중에서는 주
를 기억함이 없사오
니 음부에서 주께 감
사할 자 누구리이까
시6:6 내가 탄식함으로
곤핍하여 밤마다 눈
물로 내 침상을 띄우
며 내 요를 적시나이
다
시6:7 내 눈이 근심을
인하여 쇠하며 내 모
든 대적을 인하여 어
두웠나이다

시6:8 행악하는 너희는 다 나를 떠나라 여호와께서 내 곡성을 들으셨도다

시6:9 여호와께서 내 간구를 들으셨음이여 여호와께서 내 기도를 받으시리로다

시6:10 내 모든 원수가 부끄러움을 당하고 심히 떪이여 홀연히 부끄러워 물러가리로다

시6:8 행악하는 너희는 다 나를 떠나라 여호와께서 내 곡성을 들으셨도다

시6:9 여호와께서 내 간구를 들으셨음이여 여호와께서 내 기도를 받으시리로다

시6:10 내 모든 원수가 부끄러움을 당하고 심히 떪이여 홀연히 부끄러워 물러가리로다

시7:1 [다윗의 식가욘,
베냐민인 구시의 말
에 대하여 여호와께
한 노래] 여호와 내
하나님이여 주께 피
하오니 나를 쫓는 모
든 자에게서 나를 구
하여 건지소서
시7:2 건져낼 자 없으면
저희가 사자 같이 나
를 찢고 뜯을까 하나
이다

시7:1 [다윗의 식가욘,
베냐민인 구시의 말
에 대하여 여호와께
한 노래] 여호와 내
하나님이여 주께 피
하오니 나를 쫓는 모
든 자에게서 나를 구
하여 건지소서
시7:2 건져낼 자 없으면
저희가 사자 같이 나
를 찢고 뜯을까 하나
이다

시7:3 여호와 내 하나님
이여 내가 이것을 행
하였거나 내 손에 죄
악이 있거나
시7:4 화친한 자를 악으
로 갚았거나 내 대적
에게 무고히 빼앗았
거든
시7:5 원수로 나의 영혼
을 쫓아 잡아 내 생
명을 땅에 짓밟고 내
영광을 진토에 떨어
뜨리게 하소서(셀라)

시7:3 여호와 내 하나님
이여 내가 이것을 행
하였거나 내 손에 죄
악이 있거나
시7:4 화친한 자를 악으
로 갚았거나 내 대적
에게 무고히 빼앗았
거든
시7:5 원수로 나의 영혼
을 쫓아 잡아 내 생
명을 땅에 짓밟고 내
영광을 진토에 떨어
뜨리게 하소서(셀라)

시7:6 여호와여 진노로 일어나사 내 대적들의 노를 막으시며 나를 위하여 깨소서 주께서 심판을 명하셨나이다

시7:7 민족들의 집회로 주를 두르게 하시고 그 위 높은 자리에 돌아오소서

시7:6 여호와여 진노로 일어나사 내 대적들의 노를 막으시며 나를 위하여 깨소서 주께서 심판을 명하셨나이다

시7:7 민족들의 집회로 주를 두르게 하시고 그 위 높은 자리에 돌아오소서

시7:8 여호와께서 만민
에게 심판을 행하시
오니 여호와여 나의
의와 내게 있는 성실
함을 따라 나를 판단
하소서

시7:9 악인의 악을 끊고
의인을 세우소서 의
로우신 하나님이 사
람의 심장을 감찰하
시나이다

시7:8 여호와께서 만민
에게 심판을 행하시
오니 여호와여 나의
의와 내게 있는 성실
함을 따라 나를 판단
하소서

시7:9 악인의 악을 끊고
의인을 세우소서 의
로우신 하나님이 사
람의 심장을 감찰하
시나이다

시7:10 나의 방패는 마
음이 정직한 자를 구
원하시는 하나님께
있도다

시7:11 하나님은 의로우
신 재판장이심이여
매일 분노하시는 하
나님이시로다

시7:12 사람이 회개치
아니하면 저가 그 칼
을 갈으심이여 그 활
을 이미 당기어 예비
하셨도다

시7:10 나의 방패는 마
음이 정직한 자를 구
원하시는 하나님께
있도다

시7:11 하나님은 의로우
신 재판장이심이여
매일 분노하시는 하
나님이시로다

시7:12 사람이 회개치
아니하면 저가 그 칼
을 갈으심이여 그 활
을 이미 당기어 예비
하셨도다

시7:13 죽일 기계를 또
한 예비하심이여 그
만든 살은 화전이로
다

시7:14 악인이 죄악을
해산함이여 잔해를
잉태하며 궤휼을 낳
았도다

시7:15 저가 웅덩이를
파 만듦이여 제가 만
든 함정에 빠졌도다

시7:13 죽일 기계를 또
한 예비하심이여 그
만든 살은 화전이로
다

시7:14 악인이 죄악을
해산함이여 잔해를
잉태하며 궤휼을 낳
았도다

시7:15 저가 웅덩이를
파 만듦이여 제가 만
든 함정에 빠졌도다

시7:16 그 잔해는 자기
머리로 돌아오고 그
포학은 자기 정수리
에 내리리로다
시7:17 내가 여호와의
의를 따라 감사함이
여 지극히 높으신 여
호와의 이름을 찬양
하리로다

시7:16 그 잔해는 자기
머리로 돌아오고 그
포학은 자기 정수리
에 내리리로다
시7:17 내가 여호와의
의를 따라 감사함이
여 지극히 높으신 여
호와의 이름을 찬양
하리로다

시8:1 여호와 우리 주
여 주의 이름이
온 땅에 어찌 그리
아름다운지요
주의 영광을 하늘
위에 두셨나이다
시8:2 주의 대적을 인하
여 어린 아이와 젖먹
이의 입으로 말미암
아 권능을 세우심이
여 이는 원수와 보수
자로 잠잠케 하려 하
심이니이다

시8:1 여호와 우리 주
여 주의 이름이
온 땅에 어찌
그리 아름다운지요
주의 영광을 하늘
위에 두셨나이다
시8:2 주의 대적을 인하
여 어린 아이와 젖먹
이의 입으로 말미암
아 권능을 세우심이
여 이는 원수와 보수
자로 잠잠케 하려 하
심이니이다

시8:3 주의 손가락으로
만드신 주의 하늘과
주의 베풀어 두신 달
과 별들을 내가 보오
니
시8:4 사람이 무엇이관
대 주께서 저를 권고
하시나이까
시8:5 저를 천사보다 조
금 못하게 하시고 영
화와 존귀로 관을 씌
우셨나이다

시8:3 주의 손가락으로
만드신 주의 하늘과
주의 베풀어 두신 달
과 별들을 내가 보오
니
시8:4 사람이 무엇이관
대 주께서 저를 권고
하시나이까
시8:5 저를 천사보다 조
금 못하게 하시고 영
화와 존귀로 관을 씌
우셨나이다

시8:6 주의 손으로 만드
신 것을 다스리게 하
시고 만물을 그 발
아래 두셨으니
시8:7 곧 모든 우양과
들짐승이며
시8:8 공중의 새와 바다
의 어족과 해로에 다
니는 것이니이다

시8:6 주의 손으로 만드
신 것을 다스리게 하
시고 만물을 그 발
아래 두셨으니
시8:7 곧 모든 우양과
들짐승이며
시8:8 공중의 새와 바다
의 어족과 해로에 다
니는 것이니이다

시9:1 [다윗의 시, 영장
으로 뭇랍벤에 맞춘
노래] 내가 전심으로
여호와께 감사하오며
주의 모든 기사를 전
하리이다
시9:2 내가 주를 기뻐하
고 즐거워하며 지극
히 높으신 주의 이름
을 찬송하리니
시9:3 내 원수들이 물러
갈 때에 주의 앞에서
넘어져 망함이니이다

시9:1 [다윗의 시, 영장으
로 뭇랍벤에 맞춘 노
래] 내가 전심으로
여호와께 감사하오며
주의 모든 기사를 전
하리이다
시9:2 내가 주를 기뻐하
고 즐거워하며 지극
히 높으신 주의 이름
을 찬송하리니
시9:3 내 원수들이 물러
갈 때에 주의 앞에서
넘어져 망함이니이다

시9:4 주께서 나의 의와 송사를 변호하셨으며 보좌에 앉으사 의롭게 심판하셨나이다

시9:5 열방을 책하시고 악인을 멸하시며 저희 이름을 영영히 도말하셨나이다

시9:6 원수가 끊어져 영영히 멸망하셨사오니 주께서 무너뜨린 성읍들을 기억할 수 없나이다

시9:4 주께서 나의 의와 송사를 변호하셨으며 보좌에 앉으사 의롭게 심판하셨나이다

시9:5 열방을 책하시고 악인을 멸하시며 저희 이름을 영영히 도말하셨나이다

시9:6 원수가 끊어져 영영히 멸망하셨사오니 주께서 무너뜨린 성읍들을 기억할 수 없나이다

시9:7 여호와께서 영영히
앉으심이여 심판을
위하여 보좌를 예비
하셨도다
시9:8 공의로 세계를 심
판하심이여 정직으로
만민에게 판단을 행
하시리로다
시9:9 여호와는 또 압제
를 당하는 자의 산성
이시요 환난 때의 산
성이시로다

시9:7 여호와께서 영영히
앉으심이여 심판을
위하여 보좌를 예비
하셨도다
시9:8 공의로 세계를 심
판하심이여 정직으로
만민에게 판단을 행
하시리로다
시9:9 여호와는 또 압제
를 당하는 자의 산성
이시요 환난 때의 산
성이시로다

시9:10 여호와여 주의
이름을 아는 자는 주
를 의지하오리니 이
는 주를 찾는 자들을
버리지 아니하심이니
이다

시9:11 너희는 시온에 거
하신 여호와를 찬송
하며 그 행사를 백성
중에 선포할지어다

시9:12 피 흘림을 심문하
시는 이가 저희를 기
억하십이여 가난한
자의 부르짖음을 잊
지 아니하시도다

시9:10 여호와여 주의
이름을 아는 자는 주
를 의지하오리니 이
는 주를 찾는 자들을
버리지 아니하심이니
이다

시9:11 너희는 시온에 거
하신 여호와를 찬송
하며 그 행사를 백성
중에 선포할지어다

시9:12 피 흘림을 심문하
시는 이가 저희를 기
억하십이여 가난한
자의 부르짖음을 잊
지 아니하시도다

시9:13 여호와여 나를 긍휼히 여기소서 나를 사망의 문에서 일으키시는 주여 미워하는 자에게 받는 나의 곤고를 보소서

시9:14 그리하시면 내가 주의 찬송을 다 전할 것이요 딸 같은 시온의 문에서 주의 구원을 기뻐하리이다

시9:15 열방은 자기가 판 웅덩이에 빠짐이여 그 숨긴 그물에 자기 발이 걸렸도다

시9:13 여호와여 나를 긍휼히 여기소서 나를 사망의 문에서 일으키시는 주여 미워하는 자에게 받는 나의 곤고를 보소서

시9:14 그리하시면 내가 주의 찬송을 다 전할 것이요 딸 같은 시온의 문에서 주의 구원을 기뻐하리이다

시9:15 열방은 자기가 판 웅덩이에 빠짐이여 그 숨긴 그물에 자기 발이 걸렸도다

시9:16여호와께서 자기
를 알게 하사 심판을
행하셨음이여 악인은
그 손으로 행한 일에
스스로 얽혔도다(힉
가욘, 셀라)

시9:17악인이 음부로 돌
아감이여 하나님을
잊어버린 모든 열방
이 그리 하리로다

시9:18궁핍한 자가 항상
잊어 버림을 보지 아
니함이여 가난한 자
가 영영히 실망치 아
니하리로다

시9:16여호와께서 자기
를 알게 하사 심판을
행하셨음이여 악인은
그 손으로 행한 일에
스스로 얽혔도다(힉
가욘, 셀라)

시9:17악인이 음부로 돌
아감이여 하나님을
잊어버린 모든 열방
이 그리 하리로다

시9:18궁핍한 자가 항상
잊어 버림을 보지 아
니함이여 가난한 자
가 영영히 실망치 아
니하리로다

시9:19 여호와여 일어나
사 인생으로 승리를
얻지 못하게 하시며
열방으로 주의 목전
에 심판을 받게 하소
서

시9:20 여호와여 저희로
두렵게 하시며 열방
으로 자기는 인생뿐
인줄 알게 하소서(셀
라)

시9:19 여호와여 일어나
사 인생으로 승리를
얻지 못하게 하시며
열방으로 주의 목전
에 심판을 받게 하소
서

시9:20 여호와여 저희로
두렵게 하시며 열방
으로 자기는 인생뿐
인줄 알게 하소서(셀
라)

시10:1 여호와여 어찌하여 멀리 서시며 어찌하여 환난 때에 숨으시나이까

시10:2 악한 자가 교만하여 가련한 자를 심히 군박하오니 저희로 자기의 베푼 꾀에 빠지게 하소서

시10:3 악인은 그 마음의 소욕을 자랑하며 탐리하는 자는 여호와를 배반하여 멸시하나이다

시10:1 여호와여 어찌하여 멀리 서시며 어찌하여 환난 때에 숨으시나이까

시10:2 악한 자가 교만하여 가련한 자를 심히 군박하오니 저희로 자기의 베푼 꾀에 빠지게 하소서

시10:3 악인은 그 마음의 소욕을 자랑하며 탐리하는 자는 여호와를 배반하여 멸시하나이다

시10:4악인은 그 교만한
얼굴로 말하기를 여
호와께서 이를 감찰
치 아니하신다 하며
그 모든 사상에 하나
님이 없다 하나이다
시10:5저의 길은 언제든
지 견고하고 주의 심
판은 높아서 저의 안
력이 미치지 못하오
며 저는 그 모든 대
적을 멸시하며

시10:4악인은 그 교만한
얼굴로 말하기를 여
호와께서 이를 감찰
치 아니하신다 하며
그 모든 사상에 하나
님이 없다 하나이다
시10:5저의 길은 언제든
지 견고하고 주의 심
판은 높아서 저의 안
력이 미치지 못하오
며 저는 그 모든 대
적을 멸시하며

시10:6 그 마음에 이르기
를 나는 요동치 아니
하며 대대로 환난을
당치 아니하리라 하
나이다

시10:7 그 입에는 저주와
궤휼과 포학이 충만
하며 혀 밑에는 잔해
와 죄악이 있나이다

시10:8 저가 향촌 유벽한
곳에 앉으며 그 은밀
한 곳에서 무죄한 자
를 죽이며 그 눈은
외로운 자를 엿보나
이다

시10:6 그 마음에 이르기
를 나는 요동치 아니
하며 대대로 환난을
당치 아니하리라 하
나이다

시10:7 그 입에는 저주와
궤휼과 포학이 충만
하며 혀 밑에는 잔해
와 죄악이 있나이다

시10:8 저가 향촌 유벽한
곳에 앉으며 그 은밀
한 곳에서 무죄한 자
를 죽이며 그 눈은
외로운 자를 엿보나
이다

시10:9 사자가 그 굴혈에
엎드림 같이 저가 은
밀한 곳에 엎드려 가
련한 자를 잡으려고
기다리며 자기 그물
을 끌어 가련한 자를
잡나이다

시10:10 저가 구푸려 엎
드리니 그 강포로 인
하여 외로운 자가 넘
어지나이다

시10:9 사자가 그 굴혈에
엎드림 같이 저가 은
밀한 곳에 엎드려 가
련한 자를 잡으려고
기다리며 자기 그물
을 끌어 가련한 자를
잡나이다

시10:10 저가 구푸려 엎
드리니 그 강포로 인
하여 외로운 자가 넘
어지나이다

시10:11 저의 마음에 이르
기를 하나님이 잊으
셨고 그 얼굴을 가리
우셨으니 영원히 보
지 아니하시리라 하
나이다

시10:12
여호와여 일어나옵소
서 하나님이여 손을
드옵소서 가난한 자
를 잊지 마옵소서

시10:11 저의 마음에 이르
기를 하나님이 잊으
셨고 그 얼굴을 가리
우셨으니 영원히 보
지 아니하시리라 하
나이다

시10:12
여호와여 일어나옵소
서 하나님이여 손을
드옵소서 가난한 자
를 잊지 마옵소서

시10:13 어찌하여 악인이
하나님을 멸시하여
그 마음에 이르기를
주는 감찰치 아니하
리라 하나이까
시10:14 주께서는 보셨나
이다 잔해와 원한을
감찰하시고 주의 손
으로 갚으려 하시오
니 외로운 자가 주를
의지하나이다 주는
벌써부터 고아를 도
우시는 자니이다

시10:13 어찌하여 악인이
하나님을 멸시하여
그 마음에 이르기를
주는 감찰치 아니하
리라 하나이까
시10:14 주께서는 보셨나
이다 잔해와 원한을
감찰하시고 주의 손
으로 갚으려 하시오
니 외로운 자가 주를
의지하나이다 주는
벌써부터 고아를 도
우시는 자니이다

시10:15악인의 팔을 꺾으
소서 악한 자의 악을
없기까지 찾으소서
시10:16여호와께서는 영
원무궁토록 왕이시니
열방이 주의 땅에서
멸망하였나이다
시10:17여호와여 주는 겸
손한 자의 소원을 들
으셨으니 저희 마음
을 예비하시며 귀를
기울여 들으시고

시10:15악인의 팔을 꺾으
소서 악한 자의 악을
없기까지 찾으소서
시10:16여호와께서는 영
원무궁토록 왕이시니
열방이 주의 땅에서
멸망하였나이다
시10:17여호와여 주는 겸
손한 자의 소원을 들
으셨으니 저희 마음
을 예비하시며 귀를
기울여 들으시고

시10:18 고아와 압박당하
는 자를 위하여 심판
하사 세상에 속한 자
로 다시는 위협지 못
하게 하시리이다
시11:1 [다윗의 시, 영장
으로 한 노래] 내가
여호와께 피하였거늘
너희가 내 영혼더러
새 같이 네 산으로
도망하라 함은 어찜
인고

시10:18 고아와 압박당하
는 자를 위하여 심판
하사 세상에 속한 자
로 다시는 위협지 못
하게 하시리이다
시11:1 [다윗의 시, 영장
으로 한 노래] 내가
여호와께 피하였거늘
너희가 내 영혼더러
새 같이 네 산으로
도망하라 함은 어찜
인고

시11:2 악인이 활을 당기
고 살을 시위에 먹임
이여 마음이 바른 자
를 어두운 데서 쏘려
하는도다
시11:3 터가 무너지면 의
인이 무엇을 할꼬
시11:4 여호와께서 그 성
전에 계시니 여호와
의 보좌는 하늘에 있
음이여 그 눈이 인생
을 통촉하시고 그 안
목이 저희를 감찰하
시도다

시11:2 악인이 활을 당기
고 살을 시위에 먹임
이여 마음이 바른 자
를 어두운 데서 쏘려
하는도다
시11:3 터가 무너지면 의
인이 무엇을 할꼬
시11:4 여호와께서 그 성
전에 계시니 여호와
의 보좌는 하늘에 있
음이여 그 눈이 인생
을 통촉하시고 그 안
목이 저희를 감찰하
시도다

시11:5 여호와는 의인을
감찰하시고 악인과
강포함을 좋아하는
자를 마음에 미워하
시도다

시11:6 악인에게 그물을
내려 치시리니 불과
유황과 태우는 바람
이 저희 잔의 소득이
되리로다

시11:7 여호와는 의로우
사 의로운 일을 좋아
하시나니 정직한 자
는 그 얼굴을 뵈오리
로다

시11:5 여호와는 의인을
감찰하시고 악인과
강포함을 좋아하는
자를 마음에 미워하
시도다

시11:6 악인에게 그물을
내려 치시리니 불과
유황과 태우는 바람
이 저희 잔의 소득이
되리로다

시11:7 여호와는 의로우
사 의로운 일을 좋아
하시나니 정직한 자
는 그 얼굴을 뵈오리
로다

시12:1 [다윗의 시, 영장
으로 스미닛에 맞춘
노래] 여호와여 도우
소서 경건한 자가 끊
어지며 충실한 자가
인생 중에 없어지도
소이다

시12:2 저희가 이웃에게
각기 거짓말을 말함
이여 아첨하는 입술
과 두 마음으로 말하
는도다

시12:1 [다윗의 시, 영장
으로 스미닛에 맞춘
노래] 여호와여 도우
소서 경건한 자가 끊
어지며 충실한 자가
인생 중에 없어지도
소이다

시12:2 저희가 이웃에게
각기 거짓말을 말함
이여 아첨하는 입술
과 두 마음으로 말하
는도다

시12:3 여호와께서 모든
아첨하는 입술과 자
랑하는 혀를 끊으시
리니
시12:4 저희가 말하기를
우리의 혀로 이길지
라 우리 입술은 우리
것이니 우리를 주관
할 자 누구리요 함이
로다

시12:3 여호와께서 모든
아첨하는 입술과 자
랑하는 혀를 끊으시
리니
시12:4 저희가 말하기를
우리의 혀로 이길지
라 우리 입술은 우리
것이니 우리를 주관
할 자 누구리요 함이
로다

시12:5 여호와의 말씀에 가련한 자의 눌림과 궁핍한 자의 탄식을 인하여 내가 이제 일어나 저를 그 원하는 안전 지대에 두리라 하시도다

시12:6 여호와의 말씀은 순결함이여 흙 도가니에 일곱 번 단련한 은 같도다

시12:5 여호와의 말씀에 가련한 자의 눌림과 궁핍한 자의 탄식을 인하여 내가 이제 일어나 저를 그 원하는 안전 지대에 두리라 하시도다

시12:6 여호와의 말씀은 순결함이여 흙 도가니에 일곱 번 단련한 은 같도다

시12:7 여호와여 저희를
지키사 이 세대로부
터 영영토록 보존하
시리이다
시12:8 비루함이 인생 중
에 높아지는 때에 악
인이 처처에 횡행하
는도다
시13:1 [다윗의 시, 영장
으로 한 노래] 여호
와여 어느 때까지니
이까 나를 영영히 잊
으시나이까 주의 얼
굴을 나에게서 언제
까지 숨기시겠나이까

시12:7 여호와여 저희를
지키사 이 세대로부
터 영영토록 보존하
시리이다
시12:8 비루함이 인생 중
에 높아지는 때에 악
인이 처처에 횡행하
는도다
시13:1 [다윗의 시, 영장
으로 한 노래] 여호
와여 어느 때까지니
이까 나를 영영히 잊
으시나이까 주의 얼
굴을 나에게서 언제
까지 숨기시겠나이까

시13:2 내가 나의 영혼에
경영하고 종일토록
마음에 근심하기를
어느 때까지 하오며
내 원수가 나를 쳐서
자긍하기를 어느 때
까지 하리이까

시13:3 여호와 내 하나님
이여 나를 생각하사
응답하시고 나의 눈
을 밝히소서 두렵건
대 내가 사망의 잠을
잘까 하오며

시13:2 내가 나의 영혼에
경영하고 종일토록
마음에 근심하기를
어느 때까지 하오며
내 원수가 나를 쳐서
자긍하기를 어느 때
까지 하리이까

시13:3 여호와 내 하나님
이여 나를 생각하사
응답하시고 나의 눈
을 밝히소서 두렵건
대 내가 사망의 잠을
잘까 하오며

시13:4 두렵건대 나의 원
수가 이르기를 내가
저를 이기었다 할까
하오며 내가 요동될
때에 나의 대적들이
기뻐할까 하나이다
시13:5 나는 오직 주의
인자하심을 의뢰하였
사오니 내 마음은 주
의 구원을 기뻐하리
이다
시13:6 내가 여호와를 찬
송하리니 이는 나를
후대하심이로다

시13:4 두렵건대 나의 원
수가 이르기를 내가
저를 이기었다 할까
하오며 내가 요동될
때에 나의 대적들이
기뻐할까 하나이다
시13:5 나는 오직 주의
인자하심을 의뢰하였
사오니 내 마음은 주
의 구원을 기뻐하리
이다
시13:6 내가 여호와를 찬
송하리니 이는 나를
후대하심이로다

시14:1 [다윗의 시, 영장
으로 한 노래] 어리
석은 자는 그 마음에
이르기를 하나님이
없다 하도다 저희는
부패하고 소행이 가
증하여 선을 행하는
자가 없도다
시14:2 여호와께서 하늘
에서 인생을 굽어 살
피사 지각이 있어 하
나님을 찾는 자가 있
는가 보려 하신즉

시14:1 [다윗의 시, 영장
으로 한 노래] 어리
석은 자는 그 마음에
이르기를 하나님이
없다 하도다 저희는
부패하고 소행이 가
증하여 선을 행하는
자가 없도다
시14:2 여호와께서 하늘
에서 인생을 굽어 살
피사 지각이 있어 하
나님을 찾는 자가 있
는가 보려 하신즉

시14:3이다 치우쳤으며 함께 더러운 자가 되고 선을 행하는 자가 없으니 하나도 없도다

시14:4 죄악을 행하는 자는 다 무지하뇨 저희가 떡 먹듯이 내 백성을 먹으면서 여호와를 부르지 아니하는도다

시14:5 저희가 거기서 두려워하고 두려워하였으니 하나님이 의인의 세대에 계심이로다

시14:3이다 치우쳤으며 함께 더러운 자가 되고 선을 행하는 자가 없으니 하나도 없도다

시14:4 죄악을 행하는 자는 다 무지하뇨 저희가 떡 먹듯이 내 백성을 먹으면서 여호와를 부르지 아니하는도다

시14:5 저희가 거기서 두려워하고 두려워하였으니 하나님이 의인의 세대에 계심이로다

시14:6 너희가 가난한 자의 경영을 부끄럽게 하나 오직 여호와는 그 피난처가 되시도다

시14:7 이스라엘의 구원이 시온에서 나오기를 원하도다 여호와께서 그 백성의 포로된 것을 돌이키실 때에 야곱이 즐거워하고 이스라엘이 기뻐하리로다

시14:6 너희가 가난한 자의 경영을 부끄럽게 하나 오직 여호와는 그 피난처가 되시도다

시14:7 이스라엘의 구원이 시온에서 나오기를 원하도다 여호와께서 그 백성의 포로된 것을 돌이키실 때에 야곱이 즐거워하고 이스라엘이 기뻐하리로다

시15:1 [다윗의 시] 여호
와여 주의 장막에 유
할 자 누구오며 주의
성산에 거할 자 누구
오니이까
시15:2 정직하게 행하며
공의를 일삼으며 그
마음에 진실을 말하
며
시15:3 그 혀로 참소치
아니하고 그 벗에게
행악지 아니하며 그
이웃을 훼방치 아니
하며

시15:1 [다윗의 시] 여호
와여 주의 장막에 유
할 자 누구오며 주의
성산에 거할 자 누구
오니이까
시15:2 정직하게 행하며
공의를 일삼으며 그
마음에 진실을 말하
며
시15:3 그 혀로 참소치
아니하고 그 벗에게
행악지 아니하며 그
이웃을 훼방치 아니
하며

시15:4 그 눈은 망령된
자를 멸시하며 여호
와를 두려워하는 자
를 존대하며 그 마음
에 서원한 것은 해로
울지라도 변치 아니
하며

시15:5 변리로 대금치 아
니하며 뇌물을 받고
무죄한 자를 해치 아
니하는 자니 이런 일
을 행하는 자는 영영
히 요동치 아니하리
이다

시15:4 그 눈은 망령된
자를 멸시하며 여호
와를 두려워하는 자
를 존대하며 그 마음
에 서원한 것은 해로
울지라도 변치 아니
하며

시15:5 변리로 대금치 아
니하며 뇌물을 받고
무죄한 자를 해치 아
니하는 자니 이런 일
을 행하는 자는 영영
히 요동치 아니하리
이다

시16:1 [다윗의 믹담] 하
나님이여 나를 보호
하소서 내가 주께 피
하나이다
시16:2 내가 여호와께 아
뢰되 주는 나의 주시
오니 주 밖에는 나의
복이 없다 하였나이
다
시16:3 땅에 있는 성도는
존귀한 자니 나의 모
든 즐거움이 저희에
게 있도다

시16:1 [다윗의 믹담] 하
나님이여 나를 보호
하소서 내가 주께 피
하나이다
시16:2 내가 여호와께 아
뢰되 주는 나의 주시
오니 주 밖에는 나의
복이 없다 하였나이
다
시16:3 땅에 있는 성도는
존귀한 자니 나의 모
든 즐거움이 저희에
게 있도다

시16:4 다른 신에게 예물을 드리는 자는 괴로움이 더할 것이라 나는 저희가 드리는 피의 전제를 드리지 아니하며 내 입술로 그 이름도 부르지 아니하리로다

시16:5 여호와는 나의 산업과 나의 잔의 소득이시니 나의 분깃을 지키시나이다

시16:4 다른 신에게 예물을 드리는 자는 괴로움이 더할 것이라 나는 저희가 드리는 피의 전제를 드리지 아니하며 내 입술로 그 이름도 부르지 아니하리로다

시16:5 여호와는 나의 산업과 나의 잔의 소득이시니 나의 분깃을 지키시나이다

시16:6 내게 줄로 재어
준 구역은 아름다운
곳에 있음이여 나의
기업이 실로 아름답
도다
시16:7 나를 훈계하신 여
호와를 송축할지라
밤마다 내 심장이 나
를 교훈하도다
시16:8 내가 여호와를 항
상 내 앞에 모심이여
그가 내 우편에 계시
므로 내가 요동치 아
니하리로다

시16:6 내게 줄로 재어
준 구역은 아름다운
곳에 있음이여 나의
기업이 실로 아름답
도다
시16:7 나를 훈계하신 여
호와를 송축할지라
밤마다 내 심장이 나
를 교훈하도다
시16:8 내가 여호와를 항
상 내 앞에 모심이여
그가 내 우편에 계시
므로 내가 요동치 아
니하리로다

시16:9 이러므로 내 마음
이 기쁘고 내 영광도
즐거워하며 내 육체
도 안전히 거하리니
시16:10 이는 내 영혼을
음부에 버리지 아니
하시며 주의 거룩한
자로 썩지 않게 하실
것임이니이다
시16:11 주께서 생명의 길
로 내게 보이시리니
주의 우편에는 영원
한 즐거움이 있나이
다

시16:9 이러므로 내 마음
이 기쁘고 내 영광도
즐거워하며 내 육체
도 안전히 거하리니
시16:10 이는 내 영혼을
음부에 버리지 아니
하시며 주의 거룩한
자로 썩지 않게 하실
것임이니이다
시16:11 주께서 생명의 길
로 내게 보이시리니
주의 우편에는 영원
한 즐거움이 있나이
다

시17:1 [다윗의 기도] 여호와여 정직함을 들으소서 나의 부르짖음에 주의하소서 거짓되지 않은 입술에서 나오는 내 기도에 귀를 기울이소서

시17:2 나의 판단을 주 앞에서 내시며 주의 눈은 공평함을 살피소서

시17:1 [다윗의 기도] 여호와여 정직함을 들으소서 나의 부르짖음에 주의하소서 거짓되지 않은 입술에서 나오는 내 기도에 귀를 기울이소서

시17:2 나의 판단을 주 앞에서 내시며 주의 눈은 공평함을 살피소서

시17:3주께서 내 마음을
시험하시고 밤에 나
를 권고하시며 나를
감찰하셨으나 흠을
찾지 못하셨으니 내
가 결심하고 입으로
범죄치 아니하리이다
시17:4사람의 행사로 논
하면 나는 주의 입술
의 말씀을 좇아 스스
로 삼가서 강포한 자
의 길에 행치 아니하
였사오며

시17:3주께서 내 마음을
시험하시고 밤에 나
를 권고하시며 나를
감찰하셨으나 흠을
찾지 못하셨으니 내
가 결심하고 입으로
범죄치 아니하리이다
시17:4사람의 행사로 논
하면 나는 주의 입술
의 말씀을 좇아 스스
로 삼가서 강포한 자
의 길에 행치 아니하
였사오며

시17:5 나의 걸음이 주의
길을 굳게 지키고 실
족지 아니하였나이다
시17:6 하나님이여 내게
응답하시겠는고로 내
가 불렀사오니 귀를
기울여 내 말을 들으
소서
시17:7 주께 피하는 자를
그 일어나 치는 자에
게서 오른손으로 구
원하시는 주여 주의
기이한 인자를 나타
내소서

시17:5 나의 걸음이 주의
길을 굳게 지키고 실
족지 아니하였나이다
시17:6 하나님이여 내게
응답하시겠는고로 내
가 불렀사오니 귀를
기울여 내 말을 들으
소서
시17:7 주께 피하는 자를
그 일어나 치는 자에
게서 오른손으로 구
원하시는 주여 주의
기이한 인자를 나타
내소서

시17:8 나를 눈동자 같이
지키시고 주의 날개
그늘 아래 감추사
시17:9 나를 압제하는 악
인과 나를 에워싼 극
한 원수에게서 벗어
나게 하소서
시17:10 저희가 자기 기
름에 잠겼으며 그 입
으로 교만히 말하나
이다

시17:8 나를 눈동자 같이
지키시고 주의 날개
그늘 아래 감추사
시17:9 나를 압제하는 악
인과 나를 에워싼 극
한 원수에게서 벗어
나게 하소서
시17:10 저희가 자기 기
름에 잠겼으며 그 입
으로 교만히 말하나
이다

시17:11 이제 우리의 걸어가는 것을 저희가 에워싸며 주목하고 땅에 넘어뜨리려 하나이다

시17:12 저는 그 움킨 것을 찢으려 하는 사자 같으며 은밀한 곳에 엎드린 젊은 사자 같으니이다

시17:11 이제 우리의 걸어가는 것을 저희가 에워싸며 주목하고 땅에 넘어뜨리려 하나이다

시17:12 저는 그 움킨 것을 찢으려 하는 사자 같으며 은밀한 곳에 엎드린 젊은 사자 같으니이다

시17:13 여호와여 일어나
저를 대항하여 넘어
뜨리시고 주의 칼로
악인에게서 나의 영
혼을 구원하소서

시17:14 여호와여 금생에
서 저희 분깃을 받은
세상 사람에게서 나
를 주의 손으로 구하
소서 그는 주의 재물
로 배를 채우심을 입
고 자녀로 만족하고
그 남은 산업을 그
어린 아이들에게 유
전하는 자니이다

시17:13 여호와여 일어나
저를 대항하여 넘어
뜨리시고 주의 칼로
악인에게서 나의 영
혼을 구원하소서

시17:14 여호와여 금생에
서 저희 분깃을 받은
세상 사람에게서 나
를 주의 손으로 구하
소서 그는 주의 재물
로 배를 채우심을 입
고 자녀로 만족하고
그 남은 산업을 그
어린 아이들에게 유
전하는 자니이다

시17:15 나는 의로운 중에
주의 얼굴을 보리니
깰 때에 주의 형상으
로 만족하리이다

시18:1 [여호와의 종 다
윗의 시, 영장으로
한 노래, 여호와께서
다윗을 그 모든 원수
와 사울의 손에서 구
원하신 날에 다윗이
이 노래의 말로 여호
와께 아뢰어 가로되]
나의 힘이 되신 여호
와여 내가 주를 사랑
하나이다

시17:15 나는 의로운 중에
주의 얼굴을 보리니
깰 때에 주의 형상으
로 만족하리이다

시18:1 [여호와의 종 다윗
의 시, 영장으로 한
노래, 여호와께서 다
윗을 그 모든 원수와
사울의 손에서 구원
하신 날에 다윗이 이
노래의 말로 여호와
께 아뢰어 가로되]
나의 힘이 되신 여호
와여 내가 주를 사랑
하나이다

시18:2 여호와는 나의 반석이시요 나의 요새시요 나를 건지시는 자시요 나의 하나님이시요 나의 피할 바위시요 나의 방패시요 나의 구원의 뿔이시요 나의 산성이시로다

시18:3 내가 찬송 받으실 여호와께 아뢰리니 내 원수들에게서 구원을 얻으리로다

시18:2 여호와는 나의 반석이시요 나의 요새시요 나를 건지시는 자시요 나의 하나님이시요 나의 피할 바위시요 나의 방패시요 나의 구원의 뿔이시요 나의 산성이시로다

시18:3 내가 찬송 받으실 여호와께 아뢰리니 내 원수들에게서 구원을 얻으리로다

시18:4 사망의 줄이 나를 얽고 불의의 창수가 나를 두렵게 하였으며

시18:5 음부의 줄이 나를 두르고 사망의 올무가 내게 이르렀도다

시18:6 내가 환난에서 여호와께 아뢰며 나의 하나님께 부르짖었더니 저가 그 전에서 내 소리를 들으심이여 그 앞에서 나의 부르짖음이 그 귀에 들렸도다

시18:4 사망의 줄이 나를 얽고 불의의 창수가 나를 두렵게 하였으며

시18:5 음부의 줄이 나를 두르고 사망의 올무가 내게 이르렀도다

시18:6 내가 환난에서 여호와께 아뢰며 나의 하나님께 부르짖었더니 저가 그 전에서 내 소리를 들으심이여 그 앞에서 나의 부르짖음이 그 귀에 들렸도다

시18:7 이에 땅이 진동하
고 산의 터도 요동하
였으니 그의 진노를
인함이로다

시18:8 그 코에서 연기가
오르고 입에서 불이
나와 사름이여 그 불
에 숯이 피었도다

시18:9 저가 또 하늘을
드리우시고 강림하시
니 그 발 아래는 어
두캄캄하도다

시18:7 이에 땅이 진동하
고 산의 터도 요동하
였으니 그의 진노를
인함이로다

시18:8 그 코에서 연기가
오르고 입에서 불이
나와 사름이여 그 불
에 숯이 피었도다

시18:9 저가 또 하늘을
드리우시고 강림하시
니 그 발 아래는 어
두캄캄하도다

시18:10 그룹을 타고 날
으심이여 바람날개로
높이 뜨셨도다

시18:11 저가 흑암으로 그
숨는 곳을 삼으사 장
막 같이 자기를 두르
게 하심이여 곧 물의
흑암과 공중의 빽빽
한 구름으로 그리하
시도다

시18:10 그룹을 타고 날
으심이여 바람날개로
높이 뜨셨도다

시18:11 저가 흑암으로 그
숨는 곳을 삼으사 장
막 같이 자기를 두르
게 하심이여 곧 물의
흑암과 공중의 빽빽
한 구름으로 그리하
시도다

시18:12 그 앞에 광채로
인하여 빽빽한 구름
이 지나며 우박과 숯
불이 내리도다
시18:13 여호와께서 하늘
에서 뇌성을 발하시
고 지존하신 자가 음
성을 내시며 우박과
숯불이 내리도다
시18:14 그 살을 날려 저
희를 흩으심이여 많
은 번개로 파하셨도
다

시18:12 그 앞에 광채로
인하여 빽빽한 구름
이 지나며 우박과 숯
불이 내리도다
시18:13 여호와께서 하늘
에서 뇌성을 발하시
고 지존하신 자가 음
성을 내시며 우박과
숯불이 내리도다
시18:14 그 살을 날려 저
희를 흩으심이여 많
은 번개로 파하셨도
다

시18:15이럴 때에 여호와
의 꾸지람과 콧김을
인하여 물밑이 드러
나고 세상의 터가 나
타났도다
시18:16저가 위에서 보내
사 나를 취하심이여
많은 물에서 나를 건
져 내셨도다
시18:17나를 강한 원수와
미워하는 자에게서
건지셨음이여 저희는
나보다 힘센 연고로
다

시18:15이럴 때에 여호와
의 꾸지람과 콧김을
인하여 물밑이 드러
나고 세상의 터가 나
타났도다
시18:16저가 위에서 보내
사 나를 취하심이여
많은 물에서 나를 건
져 내셨도다
시18:17나를 강한 원수와
미워하는 자에게서
건지셨음이여 저희는
나보다 힘센 연고로
다

시18:18 저희가 나의 재앙
의 날에 내게 이르렀
으나 여호와께서 나
의 의지가 되셨도다
시18:19 나를 또 넓은 곳
으로 인도하시고 나
를 기뻐하심으로 구
원하셨도다
시18:20 여호와께서 내
의를 따라 상 주시며
내 손의 깨끗함을 좇
아 갚으셨으니

시18:18 저희가 나의 재앙
의 날에 내게 이르렀
으나 여호와께서 나
의 의지가 되셨도다
시18:19 나를 또 넓은 곳
으로 인도하시고 나
를 기뻐하심으로 구
원하셨도다
시18:20 여호와께서 내
의를 따라 상 주시며
내 손의 깨끗함을 좇
아 갚으셨으니

시18:21 이는 내가 여호와
의 도를 지키고 악하
게 내 하나님을 떠나
지 아니하였으며
시18:22 그 모든 규례가
내 앞에 있고 내게서
그 율례를 버리지 아
니하였음이로다
시18:23 내가 또한 그 앞
에 완전하여 나의 죄
악에서 스스로 지켰
나니

시18:21 이는 내가 여호와
의 도를 지키고 악하
게 내 하나님을 떠나
지 아니하였으며
시18:22 그 모든 규례가
내 앞에 있고 내게서
그 율례를 버리지 아
니하였음이로다
시18:23 내가 또한 그 앞
에 완전하여 나의 죄
악에서 스스로 지켰
나니

시18:24 그러므로 여호와
께서 내 의를 따라
갚으시되 그 목전에
내 손의 깨끗한대로
내게 갚으셨도다
시18:25 자비한 자에게는
주의 자비하심을 나
타내시며 완전한 자
에게는 주의 완전하
심을 보이시며
시18:26 깨끗한 자에게는
주의 깨끗하심을 보
이시며 사특한 자에
게는 주의 거스리심
을 보이시리니

시18:24 그러므로 여호와
께서 내 의를 따라
갚으시되 그 목전에
내 손의 깨끗한대로
내게 갚으셨도다
시18:25 자비한 자에게는
주의 자비하심을 나
타내시며 완전한 자
에게는 주의 완전하
심을 보이시며
시18:26 깨끗한 자에게는
주의 깨끗하심을 보
이시며 사특한 자에
게는 주의 거스리심
을 보이시리니

시18:27 주께서 곤고한 백성은 구원하시고 교만한 눈은 낮추시리이다

시18:28 주께서 나의 등불을 켜심이여 여호와 내 하나님이 내 흑암을 밝히시리이다

시18:29 내가 주를 의뢰하고 적군에 달리며 내 하나님을 의지하고 담을 뛰어 넘나이다

시18:27 주께서 곤고한 백성은 구원하시고 교만한 눈은 낮추시리이다

시18:28 주께서 나의 등불을 켜심이여 여호와 내 하나님이 내 흑암을 밝히시리이다

시18:29 내가 주를 의뢰하고 적군에 달리며 내 하나님을 의지하고 담을 뛰어 넘나이다

시18:30 하나님의 도는 완전하고 여호와의 말씀은 정미하니 저는 자기에게 피하는 모든 자의 방패시로다

시18:31 여호와 외에 누가 하나님이며 우리 하나님 외에 누가 반석이뇨

시18:32가 하나님이 힘으로 내게 띠 띠우시며 내 길을 완전케 하시며

시18:30 하나님의 도는 완전하고 여호와의 말씀은 정미하니 저는 자기에게 피하는 모든 자의 방패시로다

시18:31 여호와 외에 누가 하나님이며 우리 하나님 외에 누가 반석이뇨

시18:32가 하나님이 힘으로 내게 띠 띠우시며 내 길을 완전케 하시며

시18:33 나의 발로 암사슴
발 같게 하시며 나를
나의 높은 곳에 세우
시며
시18:34 내 손을 가르쳐
싸우게 하시니 내 팔
이 놋 활을 당기도다
시18:35 주께서 또 주의
구원하는 방패를 내
게 주시며 주의 오른
손이 나를 붙들고 주
의 온유함이 나를 크
게 하셨나이다

시18:33 나의 발로 암사슴
발 같게 하시며 나를
나의 높은 곳에 세우
시며
시18:34 내 손을 가르쳐
싸우게 하시니 내 팔
이 놋 활을 당기도다
시18:35 주께서 또 주의
구원하는 방패를 내
게 주시며 주의 오른
손이 나를 붙들고 주
의 온유함이 나를 크
게 하셨나이다

시18:36 내 걸음을 넓게
하셨고 나로 실족지
않게 하셨나이다
시18:37 내가 내 원수를
따라 미치리니 저희
가 망하기 전에는 돌
이키지 아니하리이다
시18:38 내가 저희를 쳐서
능히 일어나지 못하
게 하리니 저희가 내
발 아래 엎드러지리
이다

시18:36 내 걸음을 넓게
하셨고 나로 실족지
않게 하셨나이다
시18:37 내가 내 원수를
따라 미치리니 저희
가 망하기 전에는 돌
이키지 아니하리이다
시18:38 내가 저희를 쳐서
능히 일어나지 못하
게 하리니 저희가 내
발 아래 엎드러지리
이다

시18:39 대저 주께서 나로 전쟁케 하려고 능력으로 내게 띠 띠우사 일어나 나를 치는 자로 내게 굴복케 하셨나이다

시18:40 주께서 또 내 원수들로 등을 내게로 향하게 하시고 나로 나를 미워 하는 자를 끊어버리게 하셨나이다

시18:39 대저 주께서 나로 전쟁케 하려고 능력으로 내게 띠 띠우사 일어나 나를 치는 자로 내게 굴복케 하셨나이다

시18:40 주께서 또 내 원수들로 등을 내게로 향하게 하시고 나로 나를 미워 하는 자를 끊어버리게 하셨나이다

시18:41 저희가 부르짖으
나 구원할 자가 없었
고 여호와께 부르짖
어도 대답지 아니하
셨나이다

시18:42 내가 저희를 바람
앞에 티끌 같이 부숴
뜨리고 거리의 진흙
같이 쏟아 버렸나이
다

시18:41 저희가 부르짖으
나 구원할 자가 없었
고 여호와께 부르짖
어도 대답지 아니하
셨나이다

시18:42 내가 저희를 바람
앞에 티끌 같이 부숴
뜨리고 거리의 진흙
같이 쏟아 버렸나이
다

시18:43 주께서 나를 백성
의 다툼에서 건지시
고 열방의 으뜸을 삼
으셨으니 내가 알지
못하는 백성이 나를
섬기리이다
시18:44 저희가 내 풍성을
들은 즉시로 내게 순
복함이여 이방인들이
내게 복종하리로다
시18:45 이방인들이 쇠미
하여 그 견고한 곳에
서 떨며 나오리로다

시18:43 주께서 나를 백성
의 다툼에서 건지시
고 열방의 으뜸을 삼
으셨으니 내가 알지
못하는 백성이 나를
섬기리이다
시18:44 저희가 내 풍성을
들은 즉시로 내게 순
복함이여 이방인들이
내게 복종하리로다
시18:45 이방인들이 쇠미
하여 그 견고한 곳에
서 떨며 나오리로다

시18:46 여호와는 생존하
시니 나의 반석을 찬
송하며 내 구원의 하
나님을 높일지로다
시18:47 이 하나님이 나를
위하여 보수하시고
민족들로 내게 복종
케 하시도다
시18:48 주께서 나를 내
원수들에게서 구조하
시니 주께서 실로 나
를 대적하는 자의 위
에 나를 드시고 나를
강포한 자에게서 건
지시나이다

시18:46 여호와는 생존하
시니 나의 반석을 찬
송하며 내 구원의 하
나님을 높일지로다
시18:47 이 하나님이 나를
위하여 보수하시고
민족들로 내게 복종
케 하시도다
시18:48 주께서 나를 내
원수들에게서 구조하
시니 주께서 실로 나
를 대적하는 자의 위
에 나를 드시고 나를
강포한 자에게서 건
지시나이다

시18:49 여호와여 이러므로 내가 열방 중에서 주께 감사하며 주의 이름을 찬송하리이다

시18:50 여호와께서 그 왕에게 큰 구원을 주시며 기름 부음 받은 자에게 인자를 베푸심이여 영영토록 다윗과 그 후손에게로다

시18:49 여호와여 이러므로 내가 열방 중에서 주께 감사하며 주의 이름을 찬송하리이다

시18:50 여호와께서 그 왕에게 큰 구원을 주시며 기름 부음 받은 자에게 인자를 베푸심이여 영영토록 다윗과 그 후손에게로다

시19:1 [다윗의 시, 영장
으로 한 노래] 하늘
이 하나님의 영광을
선포하고 궁창이 그
손으로 하신 일을 나
타내는도다
시19:2 날은 날에게 말하
고 밤은 밤에게 지식
을 전하니
시19:3 언어가 없고 들리
는 소리도 없으나

시19:1 /다윗의 시, 영장
으로 한 노래/ 하늘
이 하나님의 영광을
선포하고 궁창이 그
손으로 하신 일을 나
타내는도다
시19:2 날은 날에게 말하
고 밤은 밤에게 지식
을 전하니
시19:3 언어가 없고 들리
는 소리도 없으나

시19:4 그 소리가 온 땅
에 통하고 그 말씀이
세계 끝까지 이르도
다 하나님이 해를 위
하여 하늘에 장막을
베푸셨도다
시19:5 해는 그 방에서
나오는 신랑과 같고
그 길을 달리기 기뻐
하는 장사 같아서
시19:6 하늘 이 끝에서
나와서 하늘 저 끝까
지 운행함이여 그 온
기에서 피하여 숨은
자 없도다

시19:4 그 소리가 온 땅
에 통하고 그 말씀이
세계 끝까지 이르도
다 하나님이 해를 위
하여 하늘에 장막을
베푸셨도다
시19:5 해는 그 방에서
나오는 신랑과 같고
그 길을 달리기 기뻐
하는 장사 같아서
시19:6 하늘 이 끝에서
나와서 하늘 저 끝까
지 운행함이여 그 온
기에서 피하여 숨은
자 없도다

시19:7 여호와의 율법은
완전하여 영혼을 소
성케 하고 여호와의
증거는 확실하여 우
둔한 자로 지혜롭게
하며

시19:8 여호와의 교훈은
정직하여 마음을 기
쁘게 하고 여호와의
계명은 순결하여 눈
을 밝게 하도다

시19:7 여호와의 율법은
완전하여 영혼을 소
성케 하고 여호와의
증거는 확실하여 우
둔한 자로 지혜롭게
하며

시19:8 여호와의 교훈은
정직하여 마음을 기
쁘게 하고 여호와의
계명은 순결하여 눈
을 밝게 하도다

시19:9 여호와를 경외하
는 도는 정결하여 영
원까지 이르고 여호
와의 규례는 확실하
여 다 의로우니
시19:10 금 곧 많은 정금
보다 더 사모할 것이
며 꿀과 송이꿀보다
더 달도다
시19:11 또 주의 종이 이
로 경계를 받고 이를
지킴으로 상이 크니
이다

시19:9 여호와를 경외하
는 도는 정결하여 영
원까지 이르고 여호
와의 규례는 확실하
여 다 의로우니
시19:10 금 곧 많은 정금
보다 더 사모할 것이
며 꿀과 송이꿀보다
더 달도다
시19:11 또 주의 종이 이
로 경계를 받고 이를
지킴으로 상이 크니
이다

시19:12 자기 허물을 능히
깨달을 자 누구리요
나를 숨은 허물에서
벗어나게 하소서
시19:13 또 주의 종으로
고범죄를 짓지 말게
하사 그 죄가 나를
주장치 못하게 하소
서 그리하시면 내가
정직하여 큰 죄과에
서 벗어나겠나이다

시19:12 자기 허물을 능히
깨달을 자 누구리요
나를 숨은 허물에서
벗어나게 하소서
시19:13 또 주의 종으로
고범죄를 짓지 말게
하사 그 죄가 나를
주장치 못하게 하소
서 그리하시면 내가
정직하여 큰 죄과에
서 벗어나겠나이다

시19:14 나의 반석이시요 나의 구속자이신 여호와여 내 입의 말과 마음의 묵상이 주의 앞에 열납되기를 원하나이다

시20:1 [다윗의 시, 영장으로 한 노래] 환난 날에 여호와께서 네게 응답하시고 야곱의 하나님의 이름이 너를 높이 드시며

시19:14 나의 반석이시요 나의 구속자이신 여호와여 내 입의 말과 마음의 묵상이 주의 앞에 열납되기를 원하나이다

시20:1 [다윗의 시, 영장으로 한 노래] 환난 날에 여호와께서 네게 응답하시고 야곱의 하나님의 이름이 너를 높이 드시며

시20:2 성소에서 너를 도와주시고 시온에서 너를 붙드시며

시20:3이네 모든 소제를 기억하시며 네 번제를 받으시기를 원하노라(셀라)

시20:4 네 마음의 소원대로 허락하시고 네 모든 도모를 이루시기를 원하노라

시20:2 성소에서 너를 도와주시고 시온에서 너를 붙드시며

시20:3이네 모든 소제를 기억하시며 네 번제를 받으시기를 원하노라(셀라)

시20:4 네 마음의 소원대로 허락하시고 네 모든 도모를 이루시기를 원하노라

시20:5 우리가 너의 승리
로 인하여 개가를 부
르며 우리 하나님의
이름으로 우리 기를
세우리니 여호와께서
네 모든 기도를 이루
시기를 원하노라

시20:6 여호와께서 자기
에게 속한 바 기름부
음 받은 자를 구원하
시는 줄 이제 내가
아노니 그 오른손에
구원하는 힘으로 그
거룩한 하늘에서 저
에게 응락하시리로다

시20:5 우리가 너의 승리
로 인하여 개가를 부
르며 우리 하나님의
이름으로 우리 기를
세우리니 여호와께서
네 모든 기도를 이루
시기를 원하노라

시20:6 여호와께서 자기
에게 속한 바 기름부
음 받은 자를 구원하
시는 줄 이제 내가
아노니 그 오른손에
구원하는 힘으로 그
거룩한 하늘에서 저
에게 응락하시리로다

시20:7 혹은 병거, 혹은
말을 의지하나 우리
는 여호와 우리 하나
님의 이름을 자랑하
리로다
시20:8 저희는 굽어 엎드
러지고 우리는 일어
나 바로 서도다
시20:9 여호와여 구원하
소서 우리가 부를 때
에 왕은 응락하소서

시20:7 혹은 병거, 혹은
말을 의지하나 우리
는 여호와 우리 하나
님의 이름을 자랑하
리로다
시20:8 저희는 굽어 엎드
러지고 우리는 일어
나 바로 서도다
시20:9 여호와여 구원하
소서 우리가 부를 때
에 왕은 응락하소서

시21:1 [다윗의 시, 영장
으로 한 노래] 여호
와여 왕이 주의 힘을
인하여 기뻐하며 주
의 구원을 인하여 크
게 즐거워하리이다
시21:2 그 마음의 소원을
주셨으며 그 입술의
구함을 거절치 아니
하셨나이다(셀라)
시21:3 주의 아름다운 복
으로 저를 영접하시
고 정금 면류관을 그
머리에 씌우셨나이다

시21:1 [다윗의 시, 영장
으로 한 노래] 여호
와여 왕이 주의 힘을
인하여 기뻐하며 주
의 구원을 인하여 크
게 즐거워하리이다
시21:2 그 마음의 소원을
주셨으며 그 입술의
구함을 거절치 아니
하셨나이다(셀라)
시21:3 주의 아름다운 복
으로 저를 영접하시
고 정금 면류관을 그
머리에 씌우셨나이다

시21:4 저가 생명을 구하
매 주께서 주셨으니
곧 영영한 장수로소
이다
시21:5 주의 구원으로 그
영광을 크게 하시고
존귀와 위엄으로 저
에게 입히시나이다
시21:6 저로 영영토록 지
극한 복을 받게 하시
며 주의 앞에서 기쁘
고 즐겁게 하시나이
다

시21:4 저가 생명을 구하
매 주께서 주셨으니
곧 영영한 장수로소
이다
시21:5 주의 구원으로 그
영광을 크게 하시고
존귀와 위엄으로 저
에게 입히시나이다
시21:6 저로 영영토록 지
극한 복을 받게 하시
며 주의 앞에서 기쁘
고 즐겁게 하시나이
다

시21:7 왕이 여호와를 의
지하오니 지극히 높
으신 자의 인자함으
로 요동치 아니하리
이다

시21:8이네 손이 네 모든
원수를 발견함이여
네 오른손이 너를 미
워하는 자를 발견하
리로다

시21:7 왕이 여호와를 의
지하오니 지극히 높
으신 자의 인자함으
로 요동치 아니하리
이다

시21:8이네 손이 네 모든
원수를 발견함이여
네 오른손이 너를 미
워하는 자를 발견하
리로다

시21:9 네가 노할 때에
저희로 풀무 같게 할
것이라 여호와께서
진노로 저희를 삼키
시리니 불이 저희를
소멸하리로다
시21:10 네가 저희 후손
을 땅에서 멸함이여
저희 자손을 인생 중
에서 끊으리로다
시21:11 대저 저희는 너를
해하려 하여 계교를
품었으나 이루지 못
하도다

시21:9 네가 노할 때에
저희로 풀무 같게 할
것이라 여호와께서
진노로 저희를 삼키
시리니 불이 저희를
소멸하리로다
시21:10 네가 저희 후손
을 땅에서 멸함이여
저희 자손을 인생 중
에서 끊으리로다
시21:11 대저 저희는 너를
해하려 하여 계교를
품었으나 이루지 못
하도다

시21:12 네가 저희로 돌아
서게 함이여 그 얼굴
을 향하여 활시위를
당기리로다

시21:13 여호와여 주의 능
력으로 높임을 받으
소서 우리가 주의 권
능을 노래하고 칭송
하겠나이다

시21:12 네가 저희로 돌아
서게 함이여 그 얼굴
을 향하여 활시위를
당기리로다

시21:13 여호와여 주의 능
력으로 높임을 받으
소서 우리가 주의 권
능을 노래하고 칭송
하겠나이다

시22:1 [다윗의 시, 영장
으로 아얠렛사할에
맞춘 노래] 내 하나
님이여 내 하나님이
여 어찌 나를 버리셨
나이까 어찌 나를 멀
리하여 돕지 아니하
옵시며 내 신음하는
소리를 듣지 아니하
시나이까
시22:2 내 하나님이여 내
가 낮에도 부르짖고
밤에도 잠잠치 아니
하오나 응답지 아니
하시나이다

시22:1 /다윗의 시, 영장
으로 아얠렛사할에
맞춘 노래/ 내 하나
님이여 내 하나님이
여 어찌 나를 버리셨
나이까 어찌 나를 멀
리하여 돕지 아니하
옵시며 내 신음하는
소리를 듣지 아니하
시나이까
시22:2 내 하나님이여 내
가 낮에도 부르짖고
밤에도 잠잠치 아니
하오나 응답지 아니
하시나이다

시22:3 이스라엘의 찬송
중에 거하시는 주여
주는 거룩하시니이다
시22:4 우리 열조가 주께
의뢰하였고 의뢰하였
으므로 저희를 건지
셨나이다
시22:5 저희가 주께 부르
짖어 구원을 얻고 주
께 의뢰하여 수치를
당치 아니하였나이다

시22:3 이스라엘의 찬송
중에 거하시는 주여
주는 거룩하시니이다
시22:4 우리 열조가 주께
의뢰하였고 의뢰하였
으므로 저희를 건지
셨나이다
시22:5 저희가 주께 부르
짖어 구원을 얻고 주
께 의뢰하여 수치를
당치 아니하였나이다

시22:6 나는 벌레요 사람
이 아니라 사람의 훼
방거리요 백성의 조
롱거리니이다

시22:7 나를 보는 자는
다 비웃으며 입술을
비쭉이고 머리를 흔
들며 말하되

시22:8 저가 여호와께 의
탁하니 구원하실걸,
저를 기뻐하시니 건
지실걸 하나이다

시22:6 나는 벌레요 사람
이 아니라 사람의 훼
방거리요 백성의 조
롱거리니이다

시22:7 나를 보는 자는
다 비웃으며 입술을
비쭉이고 머리를 흔
들며 말하되

시22:8 저가 여호와께 의
탁하니 구원하실걸,
저를 기뻐하시니 건
지실걸 하나이다

시22:9 오직 주께서 나를 모태에서 나오게 하시고 내 모친의 젖을 먹을 때에 의지하게 하셨나이다

시22:10 내가 날 때부터 주께 맡긴바 되었고 모태에서 나올 때부터 주는 내 하나님이 되셨사오니

시22:11 나를 멀리하지 마옵소서 환난이 가깝고 도울 자 없나이다

시22:9 오직 주께서 나를 모태에서 나오게 하시고 내 모친의 젖을 먹을 때에 의지하게 하셨나이다

시22:10 내가 날 때부터 주께 맡긴바 되었고 모태에서 나올 때부터 주는 내 하나님이 되셨사오니

시22:11 나를 멀리하지 마옵소서 환난이 가깝고 도울 자 없나이다

시22:12 많은 황소가 나를
에워싸며 바산의 힘
센 소들이 나를 둘렀
으며
시22:13 내게 그 입을 벌
림이 찢고 부르짖는
사자 같으니이다
시22:14 나는 물 같이 쏟
아졌으며 내 모든 뼈
는 어그러졌으며 내
마음은 촛밀 같아서
내 속에서 녹았으며

시22:12 많은 황소가 나를
에워싸며 바산의 힘
센 소들이 나를 둘렀
으며
시22:13 내게 그 입을 벌
림이 찢고 부르짖는
사자 같으니이다
시22:14 나는 물 같이 쏟
아졌으며 내 모든 뼈
는 어그러졌으며 내
마음은 촛밀 같아서
내 속에서 녹았으며

시22:15 내 힘이 말라 질
그릇 조각 같고 내
혀가 잇틀에 붙었나
이다 주께서 또 나를
사망의 진토에 두셨
나이다
시22:16 개들이 나를 에워
쌌으며 악한 무리가
나를 둘러 내 수족을
찔렀나이다
시22:17 내가 내 모든 뼈
를 셀 수 있나이다
저희가 나를 주목하
여 보고

시22:15 내 힘이 말라 질
그릇 조각 같고 내
혀가 잇틀에 붙었나
이다 주께서 또 나를
사망의 진토에 두셨
나이다
시22:16 개들이 나를 에워
쌌으며 악한 무리가
나를 둘러 내 수족을
찔렀나이다
시22:17 내가 내 모든 뼈
를 셀 수 있나이다
저희가 나를 주목하
여 보고

시22:18내 겉옷을 나누며
속옷을 제비뽑나이다
시22:19여호와여 멀리하
지 마옵소서 나의 힘
이시여 속히 나를 도
우소서
시22:20 내 영혼을 칼에
서 건지시며 내 유일
한 것을 개의 세력에
서 구하소서
시22:21나를 사자 입에서
구하소서 주께서 내
게 응락하시고 들소
뿔에서 구원하셨나이
다

시22:18내 겉옷을 나누며
속옷을 제비뽑나이다
시22:19여호와여 멀리하
지 마옵소서 나의 힘
이시여 속히 나를 도
우소서
시22:20 내 영혼을 칼에
서 건지시며 내 유일
한 것을 개의 세력에
서 구하소서
시22:21나를 사자 입에서
구하소서 주께서 내
게 응락하시고 들소
뿔에서 구원하셨나이
다

시22:22 내가 주의 이름을
형제에게 선포하고
회중에서 주를 찬송
하리이다

시22:23 여호와를 두려워
하는 너희여 그를 찬
송할지어다 야곱의
모든 자손이여 그에
게 영광을 돌릴지어
다 너희 이스라엘 모
든 자손이여 그를 경
외할지어다

시22:22 내가 주의 이름을
형제에게 선포하고
회중에서 주를 찬송
하리이다

시22:23 여호와를 두려워
하는 너희여 그를 찬
송할지어다 야곱의
모든 자손이여 그에
게 영광을 돌릴지어
다 너희 이스라엘 모
든 자손이여 그를 경
외할지어다

시22:24 그는 곤고한 자의 곤고를 멸시하거나 싫어하지 아니하시며 그 얼굴을 저에게서 숨기지 아니하시고 부르짖을 때에 들으셨도다

시22:25 대회 중에 나의 찬송은 주께로서 온 것이니 주를 경외하는 자 앞에서 나의 서원을 갚으리이다

시22:24 그는 곤고한 자의 곤고를 멸시하거나 싫어하지 아니하시며 그 얼굴을 저에게서 숨기지 아니하시고 부르짖을 때에 들으셨도다

시22:25 대회 중에 나의 찬송은 주께로서 온 것이니 주를 경외하는 자 앞에서 나의 서원을 갚으리이다

시22:26 겸손한 자는 먹고
배부를 것이며 여호
와를 찾는 자는 그를
찬송할 것이라 너희
마음은 영원히 살지
어다
시22:27 땅의 모든 끝이
여호와를 기억하고
돌아오며 열방의 모
든 족속이 주의 앞에
경배하리니
시22:28 나라는 여호와의
것이요 여호와는 열
방의 주재심이로다

시22:26 겸손한 자는 먹고
배부를 것이며 여호
와를 찾는 자는 그를
찬송할 것이라 너희
마음은 영원히 살지
어다
시22:27 땅의 모든 끝이
여호와를 기억하고
돌아오며 열방의 모
든 족속이 주의 앞에
경배하리니
시22:28 나라는 여호와의
것이요 여호와는 열
방의 주재심이로다

시22:29 세상의 모든 풍비한 자가 먹고 경배할 것이요 진토에 내려가는 자 곧 자기 영혼을 살리지 못할 자도 다 그 앞에 절하리로다

시22:30 후손이 그를 봉사할 것이요 대대에 주를 전할 것이며

시22:31 와서 그 공의를 장차 날 백성에게 전함이여 주께서 이를 행하셨다 할 것이로다

시22:29 세상의 모든 풍비한 자가 먹고 경배할 것이요 진토에 내려가는 자 곧 자기 영혼을 살리지 못할 자도 다 그 앞에 절하리로다

시22:30 후손이 그를 봉사할 것이요 대대에 주를 전할 것이며

시22:31 와서 그 공의를 장차 날 백성에게 전함이여 주께서 이를 행하셨다 할 것이로다

시23:1 [다윗의 시] 여호
와는 나의 목자시니
내가 부족함이 없으
리로다
시23:2 그가 나를 푸른
초장에 누이시며 쉴
만한 물 가으로 인도
하시는도다
시23:3 내 영혼을 소생시
키시고 자기 이름을
위하여 의의 길로 인
도하시는도다

시23:1 [다윗의 시] 여호
와는 나의 목자시니
내가 부족함이 없으
리로다
시23:2 그가 나를 푸른
초장에 누이시며 쉴
만한 물 가으로 인도
하시는도다
시23:3 내 영혼을 소생시
키시고 자기 이름을
위하여 의의 길로 인
도하시는도다

시23:4 내가 사망의 음침
한 골짜기로 다닐지
라도 해를 두려워하
지 않을 것은 주께서
나와 함께 하심이라
주의 지팡이와 막대
기가 나를 안위하시
나이다
시23:5 주께서 내 원수의
목전에서 내게 상을
베푸시고 기름으로
내 머리에 바르셨으
니 내 잔이 넘치나이
다

시23:4 내가 사망의 음침
한 골짜기로 다닐지
라도 해를 두려워하
지 않을 것은 주께서
나와 함께 하심이라
주의 지팡이와 막대
기가 나를 안위하시
나이다
시23:5 주께서 내 원수의
목전에서 내게 상을
베푸시고 기름으로
내 머리에 바르셨으
니 내 잔이 넘치나이
다

시23:6 나의 평생에 선하
심과 인자하심이 정
녕 나를 따르리니 내
가 여호와의 집에 영
원히 거하리로다

시23:6 나의 평생에 선하
심과 인자하심이 정
녕 나를 따르리니 내
가 여호와의 집에 영
원히 거하리로다

시119:1

행위 완전하여 여호
와의 법에 행하는 자
가 복이 있음이여

시119:2

여호와의 증거를 지
키고 전심으로 여호
와를 구하는 자가 복
이 있도다

시119:3

실로 저희는 불의를
행치 아니하고 주의
도를 행하는도다

시119:1

행위 완전하여 여호
와의 법에 행하는 자
가 복이 있음이여

시119:2

여호와의 증거를 지
키고 전심으로 여호
와를 구하는 자가 복
이 있도다

시119:3

실로 저희는 불의를
행치 아니하고 주의
도를 행하는도다

시119:4

주께서 주의 법도로 명하사 우리로 근실히 지키게 하셨나이다

시119:5

내 길을 굳이 정하사 주의 율례를 지키게 하소서

시119:6

내가 주의 모든 계명에 주의할 때에는 부끄럽지 아니하리이다

시119:4

주께서 주의 법도로 명하사 우리로 근실히 지키게 하셨나이다

시119:5

내 길을 굳이 정하사 주의 율례를 지키게 하소서

시119:6

내가 주의 모든 계명에 주의할 때에는 부끄럽지 아니하리이다

시119:7 내가 주의 의로
운 판단을 배울 때에
는 정직한 마음으로
주께 감사하리이다

시119:8

내가 주의 율례를 지
키오리니 나를 아주
버리지 마옵소서

시119:9

청년이 무엇으로 그
행실을 깨끗케 하리
이까 주의 말씀을 따
라 삼갈 것이니이다

시119:7 내가 주의 의로
운 판단을 배울 때에
는 정직한 마음으로
주께 감사하리이다

시119:8

내가 주의 율례를 지
키오리니 나를 아주
버리지 마옵소서

시119:9

청년이 무엇으로 그
행실을 깨끗케 하리
이까 주의 말씀을 따
라 삼갈 것이니이다

시119:10 내가 전심으로
주를 찾았사오니 주
의 계명에서 떠나지
말게 하소서

시119:11 내가 주께 범죄
치 아니하려 하여 주
의 말씀을 내 마음에
두었나이다

시119:12 찬송을 받으실
여호와여 주의 율례
를 내게 가르치소서

시119:10 내가 전심으로
주를 찾았사오니 주
의 계명에서 떠나지
말게 하소서

시119:11 내가 주께 범죄
치 아니하려 하여 주
의 말씀을 내 마음에
두었나이다

시119:12 찬송을 받으실
여호와여 주의 율례
를 내게 가르치소서

시119:13 주의 입의 모든
규례를 나의 입술로
선포하였으며
시119:14 내가 모든 재물
을 즐거워함 같이 주
의 증거의 도를 즐거
워하였나이다
시119:15 내가 주의 법도
를 묵상하며 주의 도
에 주의하며

시119:13 주의 입의 모든
규례를 나의 입술로
선포하였으며
시119:14 내가 모든 재물
을 즐거워함 같이 주
의 증거의 도를 즐거
워하였나이다
시119:15 내가 주의 법도
를 묵상하며 주의 도
에 주의하며

시119:16

주의 율례를 즐거워
하며 주의 말씀을 잊
지 아니하리이다

시119:17 주의 종을 후대
하여 살게 하소서 그
리하시면 주의 말씀
을 지키리이다

시119:18 내 눈을 열어서
주의 법의 기이한 것
을 보게 하소서

시119:16

주의 율례를 즐거워
하며 주의 말씀을 잊
지 아니하리이다

시119:17 주의 종을 후대
하여 살게 하소서 그
리하시면 주의 말씀
을 지키리이다

시119:18 내 눈을 열어서
주의 법의 기이한 것
을 보게 하소서

시119:19 나는 땅에서 객
이 되었사오니 주의
계명을 내게 숨기지
마소서

시119:20 주의 규례를 항
상 사모함으로 내 마
음이 상하나이다

시119:21 교만하여 저주
를 받으며 주의 계명
에서 떠나는 자를 주
께서 꾸짖으셨나이다

시119:19 나는 땅에서 객
이 되었사오니 주의
계명을 내게 숨기지
마소서

시119:20 주의 규례를 항
상 사모함으로 내 마
음이 상하나이다

시119:21 교만하여 저주
를 받으며 주의 계명
에서 떠나는 자를 주
께서 꾸짖으셨나이다

시119:22 내가 주의 증거
를 지켰사오니 훼방
과 멸시를 내게서 떠
나게 하소서
시119:23 방백들도 앉아
나를 훼방하였사오나
주의 종은 주의 율례
를 묵상하였나이다
시119:24 주의 증거는 나
의 즐거움이요 나의
모사니이다

시119:22 내가 주의 증거
를 지켰사오니 훼방
과 멸시를 내게서 떠
나게 하소서
시119:23 방백들도 앉아
나를 훼방하였사오나
주의 종은 주의 율례
를 묵상하였나이다
시119:24 주의 증거는 나
의 즐거움이요 나의
모사니이다

시119:25 내 영혼이 진토에 붙었사오니 주의 말씀대로 나를 소성케 하소서

시119:26 내가 나의 행위를 고하매 주께서 내게 응답하셨으니 주의 율례를 내게 가르치소서

시119:27 나로 주의 법도의 길을 깨닫게 하소서 그리하시면 내가 주의 기사를 묵상하리이다

시119:25 내 영혼이 진토에 붙었사오니 주의 말씀대로 나를 소성케 하소서

시119:26 내가 나의 행위를 고하매 주께서 내게 응답하셨으니 주의 율례를 내게 가르치소서

시119:27 나로 주의 법도의 길을 깨닫게 하소서 그리하시면 내가 주의 기사를 묵상하리이다

시119:28 나의 영혼이 눌
림을 인하여 녹사오
니 주의 말씀대로 나
를 세우소서

시119:29 거짓 행위를 내
게서 떠나게 하시고
주의 법을 내게 은혜
로이 베푸소서

시119:30
내가 성실한 길을 택
하고 주의 규례를 내
앞에 두었나이다

시119:28 나의 영혼이 눌
림을 인하여 녹사오
니 주의 말씀대로 나
를 세우소서

시119:29 거짓 행위를 내
게서 떠나게 하시고
주의 법을 내게 은혜
로이 베푸소서

시119:30
내가 성실한 길을 택
하고 주의 규례를 내
앞에 두었나이다

시119:31 내가 주의 증거
에 밀접하였사오니
여호와여 나로 수치
를 당케 마소서

시119:32 주께서 내 마음
을 넓히시오면 내가
주의 계명의 길로 달
려 가리이다

시119:33 여호와여 주의
율례의 도를 내게 가
르치소서 내가 끝까
지 지키리이다

시119:31 내가 주의 증거
에 밀접하였사오니
여호와여 나로 수치
를 당케 마소서

시119:32 주께서 내 마음
을 넓히시오면 내가
주의 계명의 길로 달
려 가리이다

시119:33 여호와여 주의
율례의 도를 내게 가
르치소서 내가 끝까
지 지키리이다

시119:34 나로 깨닫게 하소서 내가 주의 법을 준행하며 전심으로 지키리이다

시119:35 나로 주의 계명의 첩경으로 행케 하소서 내가 이를 즐거워함이니이다

시119:36 내 마음을 주의 증거로 향하게 하시고 탐욕으로 향치 말게 하소서

시119:34 나로 깨닫게 하소서 내가 주의 법을 준행하며 전심으로 지키리이다

시119:35 나로 주의 계명의 첩경으로 행케 하소서 내가 이를 즐거워함이니이다

시119:36 내 마음을 주의 증거로 향하게 하시고 탐욕으로 향치 말게 하소서

시119:37 내 눈을 돌이켜
허탄한 것을 보지 말
게 하시고 주의 도에
나를 소성케 하소서
시119:38 주를 경외케 하
는 주의 말씀을 주의
종에게 세우소서
시119:39 나의 두려워하
는 훼방을 내게서 떠
나게 하소서 주의 규
례는 선하심이니이다

시119:37 내 눈을 돌이켜
허탄한 것을 보지 말
게 하시고 주의 도에
나를 소성케 하소서
시119:38 주를 경외케 하
는 주의 말씀을 주의
종에게 세우소서
시119:39 나의 두려워하
는 훼방을 내게서 떠
나게 하소서 주의 규
례는 선하심이니이다

시119:40 내가 주의 법도를 사모하였사오니 주의 의에 나를 소성케 하소서

시119:41 여호와여 주의 말씀대로 주의 인자하심과 주의 구원을 내게 임하게 하소서

시119:42 그리하시면 내가 나를 훼방하는 자에게 대답할 말이 있사오리니 내가 주의 말씀을 의뢰함이니이다

시119:40 내가 주의 법도를 사모하였사오니 주의 의에 나를 소성케 하소서

시119:41 여호와여 주의 말씀대로 주의 인자하심과 주의 구원을 내게 임하게 하소서

시119:42 그리하시면 내가 나를 훼방하는 자에게 대답할 말이 있사오리니 내가 주의 말씀을 의뢰함이니이다

시119:43 진리의 말씀이 내 입에서 조금도 떠나지 말게 하소서 내가 주의 규례를 바랐음이니이다

시119:44 내가 주의 율법을 항상 영영히 끝없이 지키리이다

시119:45 내가 주의 법도를 구하였사오니 자유롭게 행보할 것이오며

시119:43 진리의 말씀이 내 입에서 조금도 떠나지 말게 하소서 내가 주의 규례를 바랐음이니이다

시119:44 내가 주의 율법을 항상 영영히 끝없이 지키리이다

시119:45 내가 주의 법도를 구하였사오니 자유롭게 행보할 것이오며

시119:46 또 열왕 앞에
주의 증거를 말할 때
에 수치를 당치 아니
하겠사오며
시119:47 나의 사랑하는
바 주의 계명을 스스
로 즐거워하며
시119:48 또 나의 사랑하
는 바 주의 계명에
내 손을 들고 주의
율례를 묵상하리이다

시119:46 또 열왕 앞에
주의 증거를 말할 때
에 수치를 당치 아니
하겠사오며
시119:47 나의 사랑하는
바 주의 계명을 스스
로 즐거워하며
시119:48 또 나의 사랑하
는 바 주의 계명에
내 손을 들고 주의
율례를 묵상하리이다

시119:49 주의 종에게 하
신 말씀을 기억하소
서 주께서 나로 소망
이 있게 하셨나이다

시119:50 이 말씀은 나의
곤란 중에 위로라 주
의 말씀이 나를 살리
셨음이니이다

시119:51
교만한 자가 나를 심
히 조롱하였어도 나
는 주의 법을 떠나지
아니하였나이다

시119:49 주의 종에게 하
신 말씀을 기억하소
서 주께서 나로 소망
이 있게 하셨나이다

시119:50 이 말씀은 나의
곤란 중에 위로라 주
의 말씀이 나를 살리
셨음이니이다

시119:51
교만한 자가 나를 심
히 조롱하였어도 나
는 주의 법을 떠나지
아니하였나이다

시119:52 여호와여 주의
옛 규례를 내가 기억
하고 스스로 위로하
였나이다

시119:53 주의 율법을 버
린 악인들을 인하여
내가 맹렬한 노에 잡
혔나이다

시119:54
나의 나그네 된 집에
서 주의 율례가 나의
노래가 되었나이다

시119:52 여호와여 주의
옛 규례를 내가 기억
하고 스스로 위로하
였나이다

시119:53 주의 율법을 버
린 악인들을 인하여
내가 맹렬한 노에 잡
혔나이다

시119:54
나의 나그네 된 집에
서 주의 율례가 나의
노래가 되었나이다

시119:55 여호와여 내가
밤에 주의 이름을 기
억하고 주의 법을 지
켰나이다

시119:56 내 소유는 이것
이니 곧 주의 법도를
지킨 것이니이다

시119:57 여호와는 나의
분깃이시니 나는 주
의 말씀을 지키리라
하였나이다

시119:55 여호와여 내가
밤에 주의 이름을 기
억하고 주의 법을 지
켰나이다

시119:56 내 소유는 이것
이니 곧 주의 법도를
지킨 것이니이다

시119:57 여호와는 나의
분깃이시니 나는 주
의 말씀을 지키리라
하였나이다

시119:58 내가 전심으로
은혜를 구하였사오니
주의 말씀대로 나를
긍휼히 여기소서

시119:59
내가 내 행위를 생각
하고 주의 증거로 내
발을 돌이켰사오며

시119:60
주의 계명을 지키기
에 신속히 하고 지체
치 아니하였나이다

시119:58 내가 전심으로
은혜를 구하였사오니
주의 말씀대로 나를
긍휼히 여기소서

시119:59
내가 내 행위를 생각
하고 주의 증거로 내
발을 돌이켰사오며

시119:60
주의 계명을 지키기
에 신속히 하고 지체
치 아니하였나이다

시119:61 악인의 줄이 내게 두루 얽혔을지라도 나는 주의 법을 잊지 아니하였나이다

시119:62 내가 주의 의로운 규례를 인하여 밤중에 일어나 주께 감사하리이다

시119:63 나는 주를 경외하는 모든 자와 주의 법도를 지키는 자의 동무라

시119:61 악인의 줄이 내게 두루 얽혔을지라도 나는 주의 법을 잊지 아니하였나이다

시119:62 내가 주의 의로운 규례를 인하여 밤중에 일어나 주께 감사하리이다

시119:63 나는 주를 경외하는 모든 자와 주의 법도를 지키는 자의 동무라

시119:64
여호와여 주의 인자하심이 땅에 충만하였사오니 주의 율례로 나를 가르치소서
시119:65 여호와여 주의 말씀대로 주의 종을 선대하셨나이다
시119:66 내가 주의 계명을 믿었사오니 명철과 지식을 내게 가르치소서

시119:64
여호와여 주의 인자하심이 땅에 충만하였사오니 주의 율례로 나를 가르치소서
시119:65 여호와여 주의 말씀대로 주의 종을 선대하셨나이다
시119:66 내가 주의 계명을 믿었사오니 명철과 지식을 내게 가르치소서

시119:67 고난 당하기 전
에는 내가 그릇 행하
였더니 이제는 주의
말씀을 지키나이다

시119:68 주는 선하사 선
을 행하시오니 주의
율례로 나를 가르치
소서

시119:69 교만한 자가 거
짓을 지어 나를 치려
하였사오나 나는 전
심으로 주의 법도를
지키리이다

시119:67 고난 당하기 전
에는 내가 그릇 행하
였더니 이제는 주의
말씀을 지키나이다

시119:68 주는 선하사 선
을 행하시오니 주의
율례로 나를 가르치
소서

시119:69 교만한 자가 거
짓을 지어 나를 치려
하였사오나 나는 전
심으로 주의 법도를
지키리이다

시119:70 저희 마음은 살쪄 지방 같으나 나는 주의 법을 즐거워하나이다

시119:71 고난 당한 것이 내게 유익이라 이로 인하여 내가 주의 율례를 배우게 되었나이다

시119:72 주의 입의 법이 내게는 천천 금은보다 승하니이다

시119:70 저희 마음은 살쪄 지방 같으나 나는 주의 법을 즐거워하나이다

시119:71 고난 당한 것이 내게 유익이라 이로 인하여 내가 주의 율례를 배우게 되었나이다

시119:72 주의 입의 법이 내게는 천천 금은보다 승하니이다

시119:73

주의 손이 나를 만들고 세우셨사오니
나로 깨닫게 하사
주의 계명을
배우게 하소서

시119:74

주를 경외하는 자가
나를 보고 기뻐할 것은 내가 주의 말씀을
바라는 연고니이다

시119:73

주의 손이 나를 만들고 세우셨사오니
나로 깨닫게 하사
주의 계명을
배우게 하소서

시119:74

주를 경외하는 자가
나를 보고 기뻐할 것은 내가 주의 말씀을
바라는 연고니이다

시119:75 여호와여 내가 알거니와 주의 판단은 의로우시고 주께서 나를 괴롭게 하심은 성실하심으로 말미암음이니이다

시119:76

구하오니 주의 종에게 하신 말씀대로 주의 인자하심이 나의 위안이 되게 하시며

시119:75 여호와여 내가 알거니와 주의 판단은 의로우시고 주께서 나를 괴롭게 하심은 성실하심으로 말미암음이니이다

시119:76

구하오니 주의 종에게 하신 말씀대로 주의 인자하심이 나의 위안이 되게 하시며

시119:77 주의 긍휼히 여기심이 내게 임하사 나로 살게 하소서 주의 법은 나의 즐거움이니이다

시119:78 교만한 자가 무고히 나를 엎드러뜨렸으니 저희로 수치를 당케 하소서 나는 주의 법도를 묵상하리이다

시119:77 주의 긍휼히 여기심이 내게 임하사 나로 살게 하소서 주의 법은 나의 즐거움이니이다

시119:78 교만한 자가 무고히 나를 엎드러뜨렸으니 저희로 수치를 당케 하소서 나는 주의 법도를 묵상하리이다

시119:79

주를 경외하는 자로 내게 돌아오게 하소서 그리하시면 저희가 주의 증거를 알리이다

시119:80

내 마음으로 주의 율례에 완전케 하사 나로 수치를 당치 않게 하소서

시119:79

주를 경외하는 자로 내게 돌아오게 하소서 그리하시면 저희가 주의 증거를 알리이다

시119:80

내 마음으로 주의 율례에 완전케 하사 나로 수치를 당치 않게 하소서

시119:81

나의 영혼이 주의 구원을 사모하기에 피곤하오나 나는 오히려 주의 말씀을 바라나이다

시119:82

나의 말이 주께서 언제나 나를 안위하시겠나이까 하면서 내 눈이 주의 말씀을 바라기에 피곤 하니이다

시119:81

나의 영혼이 주의 구원을 사모하기에 피곤하오나 나는 오히려 주의 말씀을 바라나이다

시119:82

나의 말이 주께서 언제나 나를 안위하시겠나이까 하면서 내 눈이 주의 말씀을 바라기에 피곤 하니이다

시119:83

내가 연기 중의 가죽
병 같이 되었으나
오히려 주의 율례를
잊지 아니하나이다

시119:84

주의 종의 날이 얼마
나 되나이까 나를
핍박하는 자를
주께서 언제나
국문 하시리이까

시119:83

내가 연기 중의 가죽
병 같이 되었으나
오히려 주의 율례를
잊지 아니하나이다

시119:84

주의 종의 날이 얼마
나 되나이까 나를
핍박하는 자를
주께서 언제나
국문 하시리이까

시119:85

주의 법을 좇지
아니하는 교만한
자가 나를 해하려고
웅덩이를 팠나이다

시119:86

주의 모든
계명은 신실하니이다
저희가 무고히 나를
핍박하오니 나를
도우소서

시119:85

주의 법을 좇지
아니하는 교만한
자가 나를 해하려고
웅덩이를 팠나이다

시119:86

주의 모든
계명은 신실하니이다
저희가 무고히 나를
핍박하오니 나를
도우소서

시119:87

저희가 나를
세상에서 거의
멸하였으나 나는
주의
법도를 버리지
아니하였사오니

시119:88

주의 인자하심을
따라 나로 소성케
하소서 그리하시면
주의 입의 증거를
내가 지키리이다

시119:87

저희가 나를
세상에서 거의
멸하였으나 나는
주의
법도를 버리지
아니하였사오니

시119:88

주의 인자하심을
따라 나로 소성케
하소서 그리하시면
주의 입의 증거를
내가 지키리이다

시119:89 여호와여 주의
말씀이 영원히 하늘
에 굳게 섰사오며
시119:90 주의 성실하심
은 대대에 이르나이
다 주께서 땅을 세우
셨으므로 땅이 항상
있사오니
시119:91 천지가 주의 규
례대로 오늘까지 있
음은 만물이 주의 종
이 된 연고니이다

시119:89 여호와여 주의
말씀이 영원히 하늘
에 굳게 섰사오며
시119:90 주의 성실하심
은 대대에 이르나이
다 주께서 땅을 세우
셨으므로 땅이 항상
있사오니
시119:91 천지가 주의 규
례대로 오늘까지 있
음은 만물이 주의 종
이 된 연고니이다

시119:92 주의 법이 나의
즐거움이 되지 아니
하였더면 내가 내 고
난 중에 멸망하였으
리이다

시119:92 주의 법이 나의
즐거움이 되지 아니
하였더면 내가 내 고
난 중에 멸망하였으
리이다

시119:93 내가 주의 법도
를 영원히 잊지 아니
하오니 주께서 이것
들로 나를 살게 하심
이니이다

시119:93 내가 주의 법도
를 영원히 잊지 아니
하오니 주께서 이것
들로 나를 살게 하심
이니이다

시119:94 나는 주의 것이
오니 나를 구원하소
서 내가 주의 법도를
찾았나이다

시119:94 나는 주의 것이
오니 나를 구원하소
서 내가 주의 법도를
찾았나이다

시119:95 악인이 나를 멸하려고 엿보오나 나는 주의 증거를 생각하겠나이다

시119:96 내가 보니 모든 완전한 것이 다 끝이 있어도 주의 계명은 심히 넓으니이다

시119:97 내가 주의 법을 어찌 그리 사랑하는지요 내가 그것을 종일 묵상하나이다

시119:95 악인이 나를 멸하려고 엿보오나 나는 주의 증거를 생각하겠나이다

시119:96 내가 보니 모든 완전한 것이 다 끝이 있어도 주의 계명은 심히 넓으니이다

시119:97 내가 주의 법을 어찌 그리 사랑하는지요 내가 그것을 종일 묵상하나이다

시119:98 주의 계명이 항
상 나와 함께 하므로
그것이 나로 원수보
다 지혜롭게 하나이
다

시119:99 내가 주의 증거
를 묵상하므로 나의
명철함이 나의 모든
스승보다 승하며

시119:100 주의 법도를 지
키므로 나의 명철함
이 노인보다 승하니
이다

시119:98 주의 계명이 항
상 나와 함께 하므로
그것이 나로 원수보
다 지혜롭게 하나이
다

시119:99 내가 주의 증거
를 묵상하므로 나의
명철함이 나의 모든
스승보다 승하며

시119:100 주의 법도를 지
키므로 나의 명철함
이 노인보다 승하니
이다

시119:101 내가 주의 말씀을 지키려고 발을 금하여 모든 악한 길로 가지 아니하였사오며

시119:102 주께서 나를 가르치셨으므로 내가 주의 규례에서 떠나지 아니하였나이다

시119:103 주의 말씀의 맛이 내게 어찌 그리 단지요 내 입에 꿀보다 더하니이다

시119:101 내가 주의 말씀을 지키려고 발을 금하여 모든 악한 길로 가지 아니하였사오며

시119:102 주께서 나를 가르치셨으므로 내가 주의 규례에서 떠나지 아니하였나이다

시119:103 주의 말씀의 맛이 내게 어찌 그리 단지요 내 입에 꿀보다 더하니이다

시119:104 주의 법도로 인
하여 내가 명철케 되
었으므로 모든 거짓
행위를 미워하나이다
시119:105 주의 말씀은 내
발에 등이요 내 길에
빛이니이다
시119:106 주의 의로운 규
례를 지키기로 맹세
하고 굳게 정하였나
이다

시119:104 주의 법도로 인
하여 내가 명철케 되
었으므로 모든 거짓
행위를 미워하나이다
시119:105 주의 말씀은 내
발에 등이요 내 길에
빛이니이다
시119:106 주의 의로운 규
례를 지키기로 맹세
하고 굳게 정하였나
이다

시119:107 나의 고난이 막
심하오니 여호와여
주의 말씀대로 나를
소성케 하소서

시119:108 여호와여 구하
오니 내 입의 낙헌제
를 받으시고 주의 규
례로 나를 가르치소
서

시119:109 나의 생명이 항
상 위경에 있사오나
주의 법은 잊지 아니
하나이다

시119:107 나의 고난이 막
심하오니 여호와여
주의 말씀대로 나를
소성케 하소서

시119:108 여호와여 구하
오니 내 입의 낙헌제
를 받으시고 주의 규
례로 나를 가르치소
서

시119:109 나의 생명이 항
상 위경에 있사오나
주의 법은 잊지 아니
하나이다

시119:110 악인이 나를 해
하려고 올무를 놓았
사오나 나는 주의 법
도에서 떠나지 아니
하였나이다

시119:111 주의 증거로 내
가 영원히 기업을 삼
았사오니 이는 내 마
음의 즐거움이 됨이
니이다

시119:112 내가 주의 율례
를 길이 끝까지 행하
려고 내 마음을 기울
였나이다

시119:110 악인이 나를 해
하려고 올무를 놓았
사오나 나는 주의 법
도에서 떠나지 아니
하였나이다

시119:111 주의 증거로 내
가 영원히 기업을 삼
았사오니 이는 내 마
음의 즐거움이 됨이
니이다

시119:112 내가 주의 율례
를 길이 끝까지 행하
려고 내 마음을 기울
였나이다

시119:113 내가 두 마음
품는 자를 미워하고
주의 법을 사랑하나
이다

시119:114 주는 나의 은신
처요 방패시라 내가
주의 말씀을 바라나
이다

시119:115 너희 행악자여
나를 떠날지어다 나
는 내 하나님의 계명
을 지키리로다

시119:113 내가 두 마음
품는 자를 미워하고
주의 법을 사랑하나
이다

시119:114 주는 나의 은신
처요 방패시라 내가
주의 말씀을 바라나
이다

시119:115 너희 행악자여
나를 떠날지어다 나
는 내 하나님의 계명
을 지키리로다

시119:116 주의 말씀대로 나를 붙들어 살게 하시고 내 소망이 부끄럽지 말게 하소서

시119:117 나를 붙드소서 그리하시면 내가 구원을 얻고 주의 율례에 항상 주의하리이다

시119:118 주의 율례에서 떠나는 자는 주께서 다 멸시하셨으니 저희 궤사는 허무함이니이다

시119:116 주의 말씀대로 나를 붙들어 살게 하시고 내 소망이 부끄럽지 말게 하소서

시119:117 나를 붙드소서 그리하시면 내가 구원을 얻고 주의 율례에 항상 주의하리이다

시119:118 주의 율례에서 떠나는 자는 주께서 다 멸시하셨으니 저희 궤사는 허무함이니이다

시119:119 주께서 세상의
모든 악인을 찌끼 같
이 버리시니 그러므
로 내가 주의 증거를
사랑하나이다

시119:120 내 육체가 주를
두려워함으로 떨며
내가 또 주의 판단을
두려워하나이다

시119:121 내가 공과 의를
행하였사오니 나를
압박자에게 붙이지
마옵소서

시119:119 주께서 세상의
모든 악인을 찌끼 같
이 버리시니 그러므
로 내가 주의 증거를
사랑하나이다

시119:120 내 육체가 주를
두려워함으로 떨며
내가 또 주의 판단을
두려워하나이다

시119:121 내가 공과 의를
행하였사오니 나를
압박자에게 붙이지
마옵소서

시119:122 주의 종을 보증하사 복을 얻게 하시고 교만한 자가 나를 압박하지 못하게 하소서

시119:123 내 눈이 주의 구원과 주의 의로운 말씀을 사모하기에 피곤하니이다

시119:124 주의 인자하신 대로 주의 종에게 행하사 주의 율례로 내게 가르치소서

시119:122 주의 종을 보증하사 복을 얻게 하시고 교만한 자가 나를 압박하지 못하게 하소서

시119:123 내 눈이 주의 구원과 주의 의로운 말씀을 사모하기에 피곤하니이다

시119:124 주의 인자하신 대로 주의 종에게 행하사 주의 율례로 내게 가르치소서

시119:125 나는 주의 종이
오니 깨닫게 하사 주
의 증거를 알게 하소
서

시119:126 저희가 주의 법
을 폐하였사오니 지
금은 여호와의 일하
실 때니이다

시119:127 그러므로 내가
주의 계명을 금 곧
정금보다 더 사랑하
나이다

시119:125 나는 주의 종이
오니 깨닫게 하사 주
의 증거를 알게 하소
서

시119:126 저희가 주의 법
을 폐하였사오니 지
금은 여호와의 일하
실 때니이다

시119:127 그러므로 내가
주의 계명을 금 곧
정금보다 더 사랑하
나이다

시119:128 그러므로 내가 범사에 주의 법도를 바르게 여기고 모든 거짓 행위를 미워하나이다

시119:129 주의 증거가 기이하므로 내 영혼이 이를 지키나이다

시119:130 주의 말씀을 열므로 우둔한 자에게 비취어 깨닫게 하나이다

시119:128 그러므로 내가 범사에 주의 법도를 바르게 여기고 모든 거짓 행위를 미워하나이다

시119:129 주의 증거가 기이하므로 내 영혼이 이를 지키나이다

시119:130 주의 말씀을 열므로 우둔한 자에게 비취어 깨닫게 하나이다

시119:131 내가 주의 계명을 사모하므로 입을 열고 헐떡였나이다

시119:132 주의 이름을 사랑하는 자에게 베푸시던 대로 내게 돌이키사 나를 긍휼히 여기소서

시119:133 나의 행보를 주의 말씀에 굳게 세우시고 아무 죄악이 나를 주장치 못하게 하소서

시119:131 내가 주의 계명을 사모하므로 입을 열고 헐떡였나이다

시119:132 주의 이름을 사랑하는 자에게 베푸시던 대로 내게 돌이키사 나를 긍휼히 여기소서

시119:133 나의 행보를 주의 말씀에 굳게 세우시고 아무 죄악이 나를 주장치 못하게 하소서

시119:134 사람의 압박에서 나를 구속하소서 그리하시면 내가 주의 법도를 지키리이다

시119:135 주의 얼굴로 주의 종에게 비취시고 주의 율례로 나를 가르치소서

시119:136 저희가 주의 법을 지키지 아니하므로 내 눈물이 시냇물같이 흐르나이다

시119:134 사람의 압박에서 나를 구속하소서 그리하시면 내가 주의 법도를 지키리이다

시119:135 주의 얼굴로 주의 종에게 비취시고 주의 율례로 나를 가르치소서

시119:136 저희가 주의 법을 지키지 아니하므로 내 눈물이 시냇물같이 흐르나이다

시119:137 여호와여 주는
의로우시고 주의 판
단은 정직하시니이다
시119:138 주의 명하신 증
거는 의롭고 지극히
성실하도소이다
시119:139 내 대적이 주의
말씀을 잊어버렸으므
로 내 열성이 나를
소멸하였나이다

시119:137 여호와여 주는
의로우시고 주의 판
단은 정직하시니이다
시119:138 주의 명하신 증
거는 의롭고 지극히
성실하도소이다
시119:139 내 대적이 주의
말씀을 잊어버렸으므
로 내 열성이 나를
소멸하였나이다

시119:140 주의 말씀이 심
히 정미하므로 주의
종이 이를 사랑하나
이다

시119:141 내가 미천하여
멸시를 당하나 주의
법도를 잊지 아니하
였나이다

시119:142 주의 의는 영원
한 의요 주의 법은
진리로소이다

시119:140 주의 말씀이 심
히 정미하므로 주의
종이 이를 사랑하나
이다

시119:141 내가 미천하여
멸시를 당하나 주의
법도를 잊지 아니하
였나이다

시119:142 주의 의는 영원
한 의요 주의 법은
진리로소이다

시119:143 환난과 우환이
내게 미쳤으나 주의
계명은 나의 즐거움
이니이다

시119:144 주의 증거는 영
원히 의로우시니 나
로 깨닫게 하사 살게
하소서

시119:145 여호와여 내가
전심으로 부르짖었사
오니 내게 응답하소
서 내가 주의 율례를
지키리이다

시119:143 환난과 우환이
내게 미쳤으나 주의
계명은 나의 즐거움
이니이다

시119:144 주의 증거는 영
원히 의로우시니 나
로 깨닫게 하사 살게
하소서

시119:145 여호와여 내가
전심으로 부르짖었사
오니 내게 응답하소
서 내가 주의 율례를
지키리이다

시119:146 내가 주께 부르짖었사오니 나를 구원하소서 내가 주의 증거를 지키리이다

시119:147 내가 새벽 전에 부르짖으며 주의 말씀을 바랐사오며

시119:148 주의 말씀을 묵상하려고 내 눈이 야경이 깊기 전에 깨었나이다

시119:146 내가 주께 부르짖었사오니 나를 구원하소서 내가 주의 증거를 지키리이다

시119:147 내가 새벽 전에 부르짖으며 주의 말씀을 바랐사오며

시119:148 주의 말씀을 묵상하려고 내 눈이 야경이 깊기 전에 깨었나이다

시119:149 주의 인자하심을 따라 내 소리를 들으소서 여호와여 주의 규례를 따라 나를 살리소서

시119:150 악을 좇는 자가 가까이 왔사오니 저희는 주의 법에서 머니이다

시119:151 여호와여 주께서 가까이 계시오니 주의 모든 계명은 진리니이다

시119:149 주의 인자하심을 따라 내 소리를 들으소서 여호와여 주의 규례를 따라 나를 살리소서

시119:150 악을 좇는 자가 가까이 왔사오니 저희는 주의 법에서 머니이다

시119:151 여호와여 주께서 가까이 계시오니 주의 모든 계명은 진리니이다

시119:152 내가 전부터 주의 증거를 궁구하므로 주께서 영원히 세우신 것인줄을 알았나이다

시119:153 나의 고난을 보시고 나를 건지소서 내가 주의 법을 잊지 아니함이니이다

시119:154 주는 나의 원한을 펴시고 나를 구속하사 주의 말씀대로 나를 소성케 하소서

시119:152 내가 전부터 주의 증거를 궁구하므로 주께서 영원히 세우신 것인줄을 알았나이다

시119:153 나의 고난을 보시고 나를 건지소서 내가 주의 법을 잊지 아니함이니이다

시119:154 주는 나의 원한을 펴시고 나를 구속하사 주의 말씀대로 나를 소성케 하소서

시119:155 구원이 악인에게서 멀어짐은 저희가 주의 율례를 구하지 아니함이니이다

시119:156 여호와여 주의 긍휼이 크오니 주의 규례를 따라 나를 소성케 하소서

시119:157 나를 핍박하는 자와 나의 대적이 많으나 나는 주의 증거에서 떠나지 아니하였나이다

시119:155 구원이 악인에게서 멀어짐은 저희가 주의 율례를 구하지 아니함이니이다

시119:156 여호와여 주의 긍휼이 크오니 주의 규례를 따라 나를 소성케 하소서

시119:157 나를 핍박하는 자와 나의 대적이 많으나 나는 주의 증거에서 떠나지 아니하였나이다

시119:158 주의 말씀을 지키지 아니하는 궤사한 자를 내가 보고 슬퍼하였나이다

시119:159 내가 주의 법도 사랑함을 보옵소서 여호와여 주의 인자하신 대로 나를 소성케 하소서

시119:160 주의 말씀의 강령은 진리오니 주의 의로운 모든 규례가 영원하리이다

시119:158 주의 말씀을 지키지 아니하는 궤사한 자를 내가 보고 슬퍼하였나이다

시119:159 내가 주의 법도 사랑함을 보옵소서 여호와여 주의 인자하신 대로 나를 소성케 하소서

시119:160 주의 말씀의 강령은 진리오니 주의 의로운 모든 규례가 영원하리이다

시119:161 방백들이 무고히 나를 핍박하오나 나의 마음은 주의 말씀만 경외하나이다

시119:162 사람이 많은 탈취물을 얻은 것처럼 나는 주의 말씀을 즐거워하나이다

시119:163 내가 거짓을 미워하며 싫어하고 주의 법을 사랑하나이다

시119:161 방백들이 무고히 나를 핍박하오나 나의 마음은 주의 말씀만 경외하나이다

시119:162 사람이 많은 탈취물을 얻은 것처럼 나는 주의 말씀을 즐거워하나이다

시119:163 내가 거짓을 미워하며 싫어하고 주의 법을 사랑하나이다

시119:164 주의 의로운 규
례를 인하여 내가 하
루 일곱 번씩 주를
찬양하나이다

시119:165 주의 법을 사랑
하는 자에게는 큰 평
안이 있으니 저희에
게 장애물이 없으리
이다

시119:166 여호와여 내가
주의 구원을 바라며
주의 계명을 행하였
나이다

시119:164 주의 의로운 규
례를 인하여 내가 하
루 일곱 번씩 주를
찬양하나이다

시119:165 주의 법을 사랑
하는 자에게는 큰 평
안이 있으니 저희에
게 장애물이 없으리
이다

시119:166 여호와여 내가
주의 구원을 바라며
주의 계명을 행하였
나이다

시119:167 내 심령이 주의 증거를 지켰사오며 내가 이를 지극히 사랑하나이다

시119:168 내가 주의 법도와 증거를 지켰사오니 나의 모든 행위가 주의 앞에 있음이니이다

시119:169 여호와여 나의 부르짖음이 주의 앞에 이르게 하시고 주의 말씀대로 나를 깨닫게 하소서

시119:167 내 심령이 주의 증거를 지켰사오며 내가 이를 지극히 사랑하나이다

시119:168 내가 주의 법도와 증거를 지켰사오니 나의 모든 행위가 주의 앞에 있음이니이다

시119:169 여호와여 나의 부르짖음이 주의 앞에 이르게 하시고 주의 말씀대로 나를 깨닫게 하소서

시119:170 나의 간구가 주
의 앞에 달하게 하시
고 주의 말씀대로 나
를 건지소서

시119:171 주께서 율례를
내게 가르치시므로
내 입술이 찬송을 발
할지니이다

시119:172 주의 모든 계명
이 의로우므로 내 혀
가 주의 말씀을 노래
할지니이다

시119:170 나의 간구가 주
의 앞에 달하게 하시
고 주의 말씀대로 나
를 건지소서

시119:171 주께서 율례를
내게 가르치시므로
내 입술이 찬송을 발
할지니이다

시119:172 주의 모든 계명
이 의로우므로 내 혀
가 주의 말씀을 노래
할지니이다

시119:173 내가 주의 법도를 택하였사오니 주의 손이 항상 나의 도움이 되게 하소서

시119:174 여호와여 내가 주의 구원을 사모하였사오며 주의 법을 즐거워하나이다

시119:173 내가 주의 법도를 택하였사오니 주의 손이 항상 나의 도움이 되게 하소서

시119:174 여호와여 내가 주의 구원을 사모하였사오며 주의 법을 즐거워하나이다

시119:175 내 혼을 살게
하소서 그리하시면
주를 찬송하리이다
주의 규례가 나를 돕
게 하소서

시119:176 잃은 양 같이
내가 유리하오니 주
의 종을 찾으소서 내
가 주의 계명을 잊지
아니함이니이다

시119:175 내 혼을 살게
하소서 그리하시면
주를 찬송하리이다
주의 규례가 나를 돕
게 하소서

시119:176 잃은 양 같이
내가 유리하오니 주
의 종을 찾으소서 내
가 주의 계명을 잊지
아니함이니이다

출판사가 드리는 글

제가 20대였을 때에 한 중학생이 많은 회중 앞에서 시편119장을 암송하였던 적이 있었습니다. 그 당시 은혜받았던 기억이 떠올라 소망하는 마음으로 한 가지 제안을 드립니다.

이 책을 구매하신 독자 중 시편 119장을 암송을 하시는 분이 있으면 한글 헬라 대조 신약 성경을 선물로 드리겠습니다.

출판사가 한글 헬라 대조 신약 성경을 소장하고 있는 동안 소진 때까지 적용됩니다.

저희 보혜 출판사 판권지가 있는 헬라, 한글, 영어 3종 중에 하나를 골라서 시편119장을 암송하시면 됩니다.

❀ **성경한글 필사　시편(1)**

❀ 개역한글

❀

❀ 초판 1 쇄 2018년 1 월 22일

❀

❀ 著 : 柳 賢 授

ISBN 979-11-87802-42-6

편 낸 이 : 도서출판 保 惠

출판 등록 제2014-000001 호 (2014.01.03.)

주소 : 천안시 서북구 하리1길 39

전화 : 010-2239-0675